U0542961

非洲国别和区域历史丛书

大津巴布韦
学术史论

刘伟才◎著

上海三联书店

本书受教育部国别和区域研究基地上海师范大学非洲研究中心、上海市高原学科世界史建设项目、国家社科基金重大项目“多卷本《非洲经济史》”（14ZDB063）、国家社科基金一般项目“19世纪英国人非洲行居记录研究”（18BSS041）资助。

目录

第一章

不容质疑的世界文化遗产?

大津巴布韦是非洲史中的一个重要存在。它是联合国教科文组织认定的世界文化遗产,它被很多人认作是撒哈拉以南非洲前殖民时代文明发展的一个重要标志。而在津巴布韦共和国,它更是被尊定为国家的象征和国家意识的基础,不容亵渎。

大津巴布韦也是非洲史研究中的一个重要存在。自 19 世纪中叶被“发现”起,“好古者”、业余探索者和专业研究者展开了多种多样的研究,也进行了长时间的争论,一些问题有了比较肯定的回答,还有一些问题则仍在探索中。直到现在,研究仍未止,争论当然也仍未息。

一、“津巴布韦”的几种含义

“津巴布韦”(Zimbabwe,早期还有“Zimbabwi”“Zimbabye”“Simbaoe”等拼写)原意是指“石头房子”“石建”,最开始常用来指马斯温戈(Masvingo)郊外的最大的石建遗址,但由于其“石建”的意义内涵,后来有很多其它的石建遗址也有时被称作“津巴布韦”。为了区别,人们逐渐就把马斯温戈郊外的规模最大的石建遗址称为“大津巴布韦”(The Great Zimbabwe)。

一些考古学家和历史学家在围绕大津巴布韦进行研究时,把大津巴布韦跟特定的政治经济体相联系,这一特定的政治经济体被称为“津巴布韦文化”(The Zimbabwe Culture)或者“津巴布韦国家”(The

Zimbabwe State)。

黑人民族解放运动发展起来后，大津巴布韦被用作黑人的民族和传统的象征，“津巴布韦”也最终在1980年成为新生的黑人多数统治国家的国名。为了避免与代表石建的“津巴布韦”和代表特定实体的“津巴布韦”混淆，1980年诞生的黑人多数统治国家将被称作“津巴布韦共和国”。

而提到1980年诞生的津巴布韦共和国，则不能忽略之前的白人统治的罗得西亚（Rhodesia）——一度曾称南罗得西亚（Southern Rhodesia）。实际上，关于大津巴布韦的很多研究都是诞生于罗得西亚时代。

二、寻访大津巴布韦

2017年，我第一次来到津巴布韦共和国。

在津巴布韦共和国首都哈拉雷（Harare），一位中国商人在得知我是非洲史研究工作者后，专门提到了大津巴布韦。在这位商人看来，大津巴布韦里一个字都没有，这是很令他费解的一件事。我当时笑了，告诉他他一下就说到点子上了，因为这也是令非洲史研究工作者头疼的一件事。也许，我可以跟这位商人讲一讲考古、语言学、人类学或者某些自然科学的研究之类，但其实我当时自己也不是很清楚这些东西。

不久后，我从哈拉雷去往布拉瓦约（Bulawayo），在布拉瓦约的郊区看了卡哈米石建遗址（Khami Ruins），这是津巴布韦共和国内除大津巴布韦之外的另一个被认定为世界文化遗产的石建遗址。

卡哈米的石建给我的最大感觉是：太新了！我当然知道这是复建品，而且也只能是复建品。但是，“太新”的感觉仍挥之不去，实在是难以兴发任何“怀古之愁”“黍离之悲”之类的思绪。唯一让人怅惘的仍然是那寂静的荒野——在南部非洲的内陆，荒野似乎才是最有力量的存在。

随后，我又从布拉瓦约去往马斯温戈，抵达之后马上就奔赴早已成为一个著名景点的大津巴布韦。

大津巴布韦景点离马斯温戈市区有大约30公里的车程。在市区，有一所大津巴布韦大学;在临近大津巴布韦景点的地方,则有一座大津巴布韦酒店。

大津巴布韦遗址本身分成三部分:大石围(The Great Enclosure)、谷地建筑部分(The Valley Ruins 或 The Valley Complex)和山顶建筑部分(The Hill Ruins 或 The Hill Complex)。作为景点的大津巴布韦,则除了三组建筑遗存外,还有一个"文化村"和一个博物馆。

当时,我从"大石围"(The Great Enclosure)的外围进入,初入眼的是一些看起来很杂乱的石头堆积,一时有些失望,是那种到了一个传说已久的地方然后发现并不是那么回事的失望。正如一些到大津巴布韦参观的人所说:不去后悔,去了更后悔。

不过,很快我就看到了大石围,失望瞬间转变为震撼:石墙静静矗立,一块块石头构成的外立面看起来是那么地厚重朴实;进入石墙围成的圈内,如迷宫般的格局,如谜般的锥形塔(The Conical Tower),还有锥形塔周围的几棵树,是在很多种书上看到过的样子!也仍有 19 世纪的出版物上所呈现的荒芜古老的气息,一切似如昨——但其实,又怎么可能如昨呢?矮矮的石墙或者石堆,往往只底部有些苔藓之类呈现些许的岁月,而高高的石墙,看起来旧的部分也就是到一米多高的部位,再往上就是整整齐齐的新砌的部分了。但不管怎样,大石围的规模确实是令人震撼的,在非洲的土地上尤其是如此。

出了大石围,再去到谷地建筑部分和山顶建筑部分,荒芜古老的感觉似乎就更少了些,因为在新之余又失却了大石围那样的震撼。在谷地建筑部分,在一处石堆上看到一只猴子,再往远处看,有几头牛在吃草,还有一处文化村的存在,展示的是绍纳人(Shona)的民居村落和日常生活——于是很快意识到,我所在的仍是一个景点。那只猴子,那些牛,曾一度让考古学家和古迹保护者头疼。但是,在非洲的土地上,又怎么可能免除这些?

不过,在山顶建筑部分,俯瞰"大石围"和谷地建筑部分的感觉却仍然可以称得上震撼,特别是大石围,从山顶来看其实是小了,但其实想想自己是在高远之处,它其实仍是很大的吧!但是,山顶建筑部分颇有些煞风景的地方,主要是旧新混搭太过明显,在一些地方,有些年份的石块和看起来非常干净的石块砌在一起，并且砌石也无多少美感，感觉很是随意。这种情况似乎再次在提示人们，废墟并不是原初的废墟，而原初的废墟到底是何等模样，可能再也没办法知道。

走下山顶建筑部分后，去看了博物馆。很小的一个房间，里面有一些出自大津巴布韦遗址的遗物，包括陶器和瓷器碎片、珠子、有茅屋桩柱痕迹的土块；还有图文展板，介绍与大津巴布韦相关的政治史、经济史和社会史方面的内容以及大津巴布韦的建造方法和特点等，其中特别重要的是展示了绍纳人采掘金矿的情形，强调大津巴布韦历史发展与黄金开采和贸易活动的关系。在博物馆外，还有一座纪念碑，上面写着英国南非公司曾派警察于 1891—1910 年间在此驻守，保护大津巴布韦遗址和遗物。

在马斯温戈的第二天，我参加了在大津巴布韦大学举办的津巴布韦历史协会年会。在会上听津巴布韦的学者们的发言，总感觉新意不多，而其中就有关于大津巴布韦历史问题的讨论。

回哈拉雷后，我与一位曾多次来华访问的学者交流，其间提及我在马斯温戈的活动，当时随口说，感觉津巴布韦的学者们还在关注一些很老旧的话题，比如大津巴布韦，像“大津巴布韦到底是不是黑人建的”这种问题，不是早就已经解决了吗？为什么还要大谈特谈呢？这位学者回答说：“我们津巴布韦人都认为解决了，但问题是仍然有人质疑，仍然有人说大津巴布韦可能不是黑人建的，这很荒谬，但也迫使我们不得不一再地强调，强调大津巴布韦就是我们的。”听了他的话，我当时哑然失笑，因为我其实也对与大津巴布韦相关的一些问题有很多疑惑，也曾多次想过“到底是不是黑人建的”这个问题，但这样一则会被与种族主义和歧视黑人相联系，二则自己也确实对很多问题不是很清楚，所以从未正式表达过质疑。

但不管怎样，问题已经很明显，质疑显然是存在的，不过黑人——至少是津巴布韦共和国的人们——显然是不会接受质疑的。

三、 联合国教科文组织的说法和做法

从津巴布韦共和国回来后，在一次群聊场合中，我说了一句话，

大致是说“大津巴布韦无名无姓”。当时就有人反驳说：大津巴布韦是联合国教科文组织登记在册的世界文化遗产，怎么能说无名无姓呢？

听了这句反驳，我心念一动，于是就去看了看联合国教科文组织是怎么说的。

联合国教科文组织1986年认定大津巴布韦为世界文化遗产的相关文件中简述了大津巴布韦“被发现”和被研究的历史，并在相关研究的基础上描绘了大津巴布韦所承载的历史；相关文件对被认定为世界文化遗产的覆盖约80公顷的、由津巴布韦共和国国家博物馆和文物管理机构管理的大津巴布韦遗址进行了介绍，从山顶建筑部分、大石围和谷地建筑部分三块进行了描绘；相关文件明确了之所以认定大津巴布韦为世界文化遗产的三条理由：首先，大津巴布韦代表了一种特殊的艺术成就，自中世纪以来一直激发着黑人和欧洲人的关注和想象；其次，大津巴布韦是11—15世纪间绍纳人文明的一个见证；再次，津巴布韦共和国视大津巴布韦为国家历史的象征，出自大津巴布韦遗址的皂石鸟遗物更是被指定为国家的徽记物。①

在肯定大津巴布韦的历史意义和文化价值的同时，联合国教科文组织也提出了要求，明确要从遗址保护的角度对大津巴布韦进行修缮维护，具体的工作主要包括：对遗址石墙进行摄影测量、绘制遗址地图、清除石墙上的树木杂草、修缮有倾塌危险的墙体。②

自19世纪60—70年代“被发现”起，大津巴布韦的保护和修缮一直就是一个大问题。一方面，在无人管理的情况下，树木和杂草会在遗址中肆意生长，其中爬根和有蔓藤的植物对墙体的毁坏非常严重。另一方面，不断有探宝者、业余探险家、业余考古爱好者在遗址进行翻拣和挖掘，极大地破坏了遗址的初始面貌和地表特征。从遗址保护的角

---

① International Council on Monuments and Sites, *Advisory Body Evaluation on Great Zimbabwe National Monument*, UNESCO, 1986.

② UNESCO, *Report of the 10th Session of the Committee*, Convention Concerning the Protection of the World Cultural and Natural Heritage, World Heritage Committee, Tenth Session, 1986.

度来说，清除树木杂草和修缮墙体可以说势在必行。从 1986 年往后，津巴布韦共和国相关部门和国际社会对大津巴布韦遗址进行了多次有计划的调查、修缮和维护。尽管从考古和历史研究的角度来说，这些工作可能意味着对遗址的破坏，并且是不可逆转的破坏，但今天我们能看到的较为齐整的大津巴布韦遗址也正是这些工作的成果。

此后，联合国教科文组织又多次对大津巴布韦遗址的管理、运营和保护情况进行复核，津巴布韦共和国也非常注意围绕大津巴布韦遗址构建历史和打造认同，进一步提升了对大津巴布韦遗址历史意义和文化价值的评价，称其为津巴布韦共和国的重要历史遗产和非洲大陆的重要考古遗产，强调其建筑技术和模式的独特性，强调其对津巴布韦共和国国家力量和人民团结的象征性意义。①

然而，考古和历史研究者对于大津巴布韦遗址的一些质疑并没有因为联合国教科文组织和津巴布韦共和国的种种举动而终止。在质疑者看来，关于大津巴布韦的研究从一开始就存在缺陷，这些缺陷是由于资料的缺乏或者运用不当造成的，与种族主义无涉，与殖民主义无涉。而面对这些质疑，联合国教科文组织和津巴布韦共和国总是惯于指斥其为种族主义或殖民主义。

2012 年，在一份文件中，联合国教科文组织再次明确指出大津巴布韦出自黑人之手的“真实性”（authenticity）不容质疑，强调大津巴布韦的建造方式、遗址中所发现的遗物以及所承载的文化内涵均与绍纳人关联，大津巴布韦出自黑人之手、大津巴布韦所代表的历史是黑人的历史都不容否认。②

联合国教科文组织之所以一直强调“不容质疑”，显然恰恰是因为一直有人质疑。

---

① UNESCO, *Convention Concerning the Protection of the World Cultural and Natural Heritage*, *Periodic reporting of the African Sites inscribed on the World Heritage List*, UNESCO, 2001.

② UNESCO, *Adoption of retrospective Statements of Outstanding Universal Value*, Convention Concerning the Protection of the World Cultural and Natural Heritage, World Heritage Committee, Thirty-sixth Session, 2012.

四、 大津巴布韦学术史探索的源起

实际上，正是联合国教科文组织所强调的“不容质疑”激发了我的探索兴趣。

首先，要明确的是，联合国教科文组织对于历史的判断应是基于历史或相关学科研究者的研究，前者要服从后者，而不是后者听前者指挥。在大津巴布韦问题上，联合国教科文组织很好地综合了各路研究者的研究，给出了一个大致的判定，从历史知识传播和历史意识的塑造来看，联合国教科文组织功莫大焉。实际上，整个非洲史研究的进步，都要在很大程度上感谢联合国教科文组织。但是，联合国教科文组织没有资格去说某个历史问题“不容质疑”这样的话。

其次，从遗产评定的角度来看，如果一项遗产的真实性受到质疑，那么遗产评定的管理者应该是冷静地去听取质疑。如果质疑的合理性得到确认，那么这项遗产的资格就应该接受再评估，甚或搁置乃至取消相关资格。绝不是说，有人对一项遗产的真实性质疑，然后遗产评定管理者说“不容质疑”。

当然，我们应该知道——至少在大津巴布韦问题上，学术是否正确并非单一的考虑，政治是否正确也很重要。自大津巴布韦问题出现以来，白人种族主义、殖民主义、黑人民族主义一直交织其间，很难去明确说孰对孰错。

但是，我们至少应该知道问题的存在并努力探索问题的来龙去脉。

第二章

大津巴布韦的“发现”与早期探索

16 世纪时，葡萄牙人叙说在东南非内陆存在大型石建，但直到 19 世纪 60 年代，大津巴布韦才真正被“发现”，并引发了多种人士的探访和调查研究。

在早期的葡萄牙人和 19 世纪末 20 世纪初的探索者中，有商人、猎人和寻金者，他们的目标主要是物质的财富；也有一些探险家和单纯地对古物有兴趣的业余考古人士，他们想的主要是成为“发现者”，如果有可能的话再做一些可能并不那么严谨的研究和阐释，有时则会来一些曲折离奇的想象。很难判定其功与过，但这批“业余爱好者”的足迹和影响已不可抹去。

一、 16 世纪葡萄牙人关于石建的记录

关于东南非内陆石建遗址——并不一定就是大津巴布韦——的最早的记录是来自 16 世纪的葡萄牙人。

葡萄牙人自在莫桑比克沿海立足后，就不断往内陆深入。他们希望能与内陆的绍纳人国家建立联系，除了要把黄金贸易发展起来外，还希望能在内陆传播宗教。从 16 世纪初开始，断断续续地有葡萄牙人向西行进，进入今津巴布韦共和国的东部和东南部，最远可能到达中部地区。在这个过程中，一些葡萄牙人开始零零星星地提及内陆的石建，他们有的是从阿拉伯人口中听到了一些关于石头建筑的信息，有的则声

称亲眼看到了一些石头建筑。但是，无论是阿拉伯人说的还是葡萄牙人自己看到的，都不能确定就是大津巴布韦。

大约在1512—1515年间，葡萄牙人安东尼奥·费尔南德斯(António Fernandes)进入东南非内陆地区，试图寻找通往内陆产金地的路线，在回来后提交的报告中，费尔南德斯提到了一座石建的堡垒，记录明确称石头堆砌没有使用粘合物。后世的研究者认为，费尔南德斯深入内陆的距离并不远，他所看到的应该不是大津巴布韦。[①]

1531年时，葡萄牙驻索法拉(Sofala)要塞指挥官文森特·佩加多(Vicente Pegado)对东南非内陆的某座石头建筑进行了记录，记录说，在林波波河和赞比西河之间内陆平原的金矿区有一座非常大的堡垒，这座堡垒为群山环绕，石头砌建似乎没有使用灰泥，堡垒中有一座高塔。[②]

1532年时，一位叫若奥·德·巴罗斯(João de Barros)的人士进入葡萄牙印度事务部任职，由此接触到了很多从东方来的报告资料，他以此为基础编写了一部书，这部书于1552年出版，其中有内容对东南非内陆的某座大型石建进行了比较细致的描述：

“在平原的中央有一处方形的堡垒，里外均用非常大的石头，石头之间似乎没有使用粘合物。墙厚逾25拃，高度倒不是特别突出。石建的门上有铭文，一些有文化的摩尔商人曾见过，但无法识读，也不知道它们用的什么笔画。石建为群山环绕，而在山上还有类似的没有使用粘合物的堆砌石建，其中有一座塔，高逾12尺(fathom)。”

“当地居民把这些石建称作‘辛巴乌’(Symbaoe)，这在他们的语言里表示庭院，在莫塔帕国家到处都是这样称呼；他们还说，所有国王的房子都叫这个名字。”

……

“这些石建是什么时候由谁建的呢？当地的居民不懂书写，因此也

① Hugh Tracey, Antonio Fernandes: Rhodesia's First Pioneer, *Rhodesiana*, No. 19, December 1968, pp. 1 – 27.

② Malyn Newitt, *East Africa: Portuguese Encounters with the World in the Age of the Discoveries*, Routledge, 2002, p. 39.

没有文字记录，但他们说那是邪恶力量创造的。不管怎样，土著自己的力量和知识似乎表明他们不会是建造者。一些摩尔人看到过这些石建，驻索法拉总督文森特·佩加多（Vicente Pegado）向这些摩尔人展示他们的堡垒，特别是介绍窗户和弧拱，但这些摩尔人说我们的堡垒比不上内陆的这些石建。这些石建所在的地方与索法拉之间的直线距离是 170 里格，位于南纬 20 和 21°之间。在那里没有其他的古代或现代建筑，那里的人们都是野蛮人，他们都住在木头房子里。”

“在摩尔人看来，这些石建非常古老，建的目的是保护矿场，这些矿场也是非常古老的，但因为战争已有很多年没开采了。”①

后人引巴罗斯的记述，常指其记述里的石建为大津巴布韦，但巴罗斯记录中的石建和现实中的大津巴布韦却有多处对不上的地方。对于这些不一致，考古学家罗杰·萨默斯（Roger Summers）进行了总结：第一，东南非内陆的石建遗址没有方形的；第二，大津巴布韦砌石的尺寸并不大；第三，巴罗斯说墙厚 25 拃，25 拃约等于 5 米，但大津巴布韦墙最厚处也只有 4.8 米；第四，早期的“发现者”和探索者没有谁在大津巴布韦石建上找到过铭文；第五，说有塔高逾 12 尺，12 尺约等于 22 米，而大津巴布韦的大石围内的锥形塔高约 11 米，仅为一半，而且从建筑结构原理的角度来说，不加粘合的砌石几乎不可能达到 22 米——即便 22 米高塔确实存在过，只不过是后来倒塌了，但那意味着在塔址处应会有一大堆石头，但后来者并未发现。②

对于巴罗斯所说的“石建为群山环绕，山上也有石建”，萨默斯认为倒是很真切，但现实中在津巴布韦共和国境内为群山环绕的石建并不少见。萨默斯认为，巴罗斯记述的可能并非大津巴布韦，而是马滕德雷石建遗址（Matendere Ruin）：马滕德雷石建遗址也不是方的，但从外面看时更呈方形而非圆形；马滕德雷石建遗址墙厚 3.3 米，但按拃来说，用某些人的拃量的话，有可能差不多就是 5 米；在马滕德雷石建遗址的入口上方曾有几何形制风格的砌石，部分石块构成的几何线条也

① 转引自：Roger Summers, *Ancient Ruins and Vanished Civilizations of Southern Africa*, T. V. Bulpin, 1971, pp. 48 - 49。

② Roger Summers, *Ancient Ruins and Vanished Civilizations of Southern Africa*, p. 49.

许会被人随意地认作是铭文；马滕德雷石建遗址也呈现为“群山环绕，山上也有石建”的景象。①

二、19世纪英国人关于石建的记录

进入19世纪后，英国人在南非立足，进入南部非洲内陆的英国人开始逐渐增多，探险家、传教士、商人、猎人等涉足包括今南非东北部、博茨瓦纳东南部以及津巴布韦共和国在内的广大地方，不同的人在不同的情况下见到了不同的石建废墟。

1820年，伦敦传教会(London Missionary Society)派往南部非洲内陆调研传教可行性的约翰·坎贝尔(John Campbell)在今南非东北部近博茨瓦纳的地方见到了一些石建废墟，那是一片比较广大的被石墙围住的地带，有一些10到12尺的柱子打入地下；石墙围有一个入口，但很窄。当时，坎贝尔一行决定在石墙内找一块地方歇车过夜，为了防范狮子袭击，他们就准备在一处石围中扎营，而为了把车弄进石墙围，他们不得不拆卸下牛车上的一些东西。随后，坎贝尔等人又在当地人的指引下对一些石建废墟进行了踏勘，发现其分布范围之广大令人惊讶；此外，坎贝尔还注意到，石墙围内的每一座房子都又有小石墙围着，一些石墙外面还有抹灰涂色，每座房子所属的小石墙内有土压实，平整如地板，干净而整齐。当时，当地人还在一个高处指向某处山地，告诉坎贝尔那边还有非常大的有石建的村镇。②

1829—1830年，伦敦传教会传教士罗伯特·莫法特(Robert Moffat)首次进入恩德贝莱人(Ndebele)控制区，在这里他看到了规模宏大的石建废墟。他记述说，在多个山丘的山脚处有数不清的石建废墟，其中一些的规模令他惊讶，因为它们意味着大量人员的劳动和艰

① Roger Summers, *Ancient Ruins and Vanished Civilizations of Southern Africa*, pp. 50 - 51.

② John Campbell, *Travels in South Africa, undertaken at the request of the London Missionary Society, being a narrative of a second journey in the interior of that Country*, Vol. I, Francis Westley, 1822, pp. 223 - 224.

辛。有一些光用石头垒砌起来的“篱笆”，没有使用任何粘合剂，也没有锤整和拉线的痕迹，平均高度4—7英尺。石建废墟的整体呈圆形，石建废墟内的局部建筑也呈圆形。根据对周边的观察，莫法特发现建筑石料要从较远的地方获取，而光采石这项工作就需要很多劳动力。莫法特当时在心中想象石建废墟往日的热闹，山谷间定是充满了“异教徒”的欢声笑语，而现在他能看到的却只是塌损的石墙、凌乱的石堆、垃圾、人骨，还有爬行动物和野兽的践踏。莫法特还提到，有一处石建被恩德贝莱人当作牛栏(kraal)。[①]

莫法特还记述说，他在一个早晨在一个高处俯瞰大片的石建废墟，当时他问身边的恩德贝莱人，曾居住在这些废墟里的居民到底遭遇了什么。那个恩德贝莱人回答说，这里曾住着一个很强大的酋长，他的牛布满山野，他拥有数量惊人的武士并极度相信自己的武力，但是最终恩德贝莱人征服了他的酋邦，烧掉了他的村庄，杀死了他的妻儿，在冒着烟的土地上取代了他。[②]

1872—1879年间在林波波河-赞比西河一带旅行、狩猎的埃米尔·霍卢布(Emil Holub)也在今博茨瓦纳和津巴布韦共和国接界地带见到一些石建废墟。当时，霍卢布在流经今博茨瓦纳和津巴布韦的沙舍河(Shashe River)一带的一处花岗岩山丘上发现一些石建废墟，它处在相对较高的位置上，由一道石墙围着。石墙由花岗岩石块砌成，没有使用粘合材料。石墙长约140英尺，随山丘自然起伏而建，有些部分不过若干英寸，有些地方则高达6英尺，墙体的厚度也由12至18英寸不等。石墙朝北的方向有一个出入口，相应的也有一条通道。石墙所用石头大小不等，长在4至10英寸之间，宽在3至6英寸之间，厚在2至10英寸之间。霍卢布认为，这一石建废墟应是一个堡垒，在石墙之上应还有木或草建的栅栏。由于当时要赶路，霍卢布并没有对其进

① Robert Moffat, *Missionary Labours and Scenes in Southern Africa*, Robert Carter, 1844, pp. 345 - 346. “牛栏”(Kraal)是东南非内陆的一种人畜混居综合体，圈养牲畜的篱栏和住人的茅屋在一起，小则一家一户，大则可成一酋邦的“宫廷”。

② Robert Moffat, *Missionary Labours and Scenes in Southern Africa*, pp. 347 - 348.

行更进一步的观察和研究。①

后来，在今博茨瓦纳东北与津巴布韦西南接界一带的塔提地区(Tati)，霍卢布发现了一些矿坑，然后在附近的一座山上看到了一些石建废墟，是一些石墙的残余。墙厚逾3英尺，由铁云母石堆成，没有使用粘合材料。从墙外来看，墙体整体有一定的对称度，并且部分砌石按一定的规则排列，有装饰意味。一些石墙围成石围，每个石围都有朝北的出入口，其中最大的一个石围右部外凸，左部内凹。霍卢布认为，这处石建应该与金矿采掘有关。②

大约在1875年时——此时大津巴布韦已经被毛赫“发现”，长期在赞比西河一带狩猎行商的安德森(A. A. Anderson)也见到了一些石建“堡垒”和废弃的金矿井，其中有一些保存完好的石建，只是都被缠没在丛林杂草中。安德森记述说，在因格韦兹河(Ingwezi)边有一处石建，其石墙延伸广泛，墙体厚实，用的都是粗削加工的花岗岩，按一定的规则排列；在努阿内特河(Nuanettie)边的一座山上，有一处非常突出的堡垒，它坐落在一块突出的大岩石上，从各个方面来看都是一个易守难攻的地方，不过它也被淹没在丛林草树中；在萨比河(Sabi)的一条支流的岸边，有一处被称作“津博”(Zimbo)或者“津巴舍”(Zimbase)的堡垒废墟，它外围有一片低石墙，里面则是一些在高岩上的石建，这一片石建废墟中，低的墙体有5英尺，但墙厚却达8英尺；高的墙体约20英尺，呈现一种圆塔状的形态。这里的石墙用粗加工的花岗岩按一定的层级规律垒成，在石墙上有一些石柱，约8英尺高，用的是一种黑色的坚硬而纹理细密的石头，在其中一根石柱上还有钻石状的雕刻图案，图案层层嵌套，不同层间用波浪线隔开。而在石建的周围，还有一些废弃的金矿井。③

安德森认为，这些分布广泛的古代“堡垒”非常引人注目，但只有当

---

① Emil Holub, *Seven Years in South Africa*, Vol. II, Sampson Low, Marston, Searle, & Rivington, 1881, pp. 397 - 398.

② Emil Holub, *Seven Years in South Africa*, Vol. II, pp. 407 - 408.

③ Andrew A. Anderson, *Twenty-Five Years in a Waggon: Sport and Travel in South Africa*, Chapman and Hall, 1888, pp. 385 - 386.

这个地区更加发达、更加为世人所知时，它们才能更好地被认识。①

安德森称，葡萄牙人与这里早有围绕黄金的交易和交流，如果说这些石建是葡萄牙人所建，那在这么多石建存在的情况下，葡萄牙人的文献中应该是有较多的记录的，但现实是葡萄牙人几乎没有这方面的记录。因此，这些石建显然不是出自葡萄牙人之手。②

三、 毛赫“发现”大津巴布韦

19 世纪中叶时，白人已在今南非东北部、今博茨瓦纳东部和今津巴布韦共和国南部一带立足，关于石建的信息也越来越多，而与此相关联的黄金的传闻也越来越多。在当时白人的心中，石建绝对不可能是出自黑人之手，而如果是来自外来人群，那就有可能存在“宝藏”。

当时，在德兰士瓦传教的一位名叫梅伦斯基(Rev. A. Merensky)的柏林传教会(Berlin Mission)的传教士从一位黑人酋长那里听到了关于某座大型石建废墟的描述，他认为这座石建废墟应是传说中的所罗门王的俄斐(Ophir)，在托勒密埃及时代，曾有商人从海岸去到那里。③ 1862 年时，梅伦斯基和另一位柏林传教会的传教士曾试图前往寻找大石建，但因为天花疫病爆发而未果。

1867 年，从事狩猎、贸易和探矿活动的白人伦德尔(Adam Render)从南非的索特潘斯堡(Soutspanberg)出发，越过林波波河进入今天的津巴布韦共和国境内进行狩猎，然后他就看到了大津巴布韦的废墟。此后，伦德尔在大津巴布韦东南方约 20 公里的地方定居了下来，与索特潘斯堡之间保持贸易联系，他还娶了一个当地酋长的女儿为妻。

---

① Andrew A. Anderson, *Twenty-Five Years in a Waggon: Sport and Travel in South Africa*, p. 386.

② Andrew A. Anderson, *Twenty-Five Years in a Waggon: Sport and Travel in South Africa*, p. 386.

③ F. O, Bernhard (trans.), E. E. Burke (ed.), *The Journal of Carl Mauch: His Travels in the Transvaal and Rhodesia, 1869–1872*, Salisbury: National Archives of Rhodesia, 1969, p. 4.

此时，德国探险家、地理学家卡尔·毛赫(Karl Mauch)正在南部非洲探险旅行。1869—1870年间，毛赫与梅伦斯基和柏林传教会的另一位叫格鲁岑内(Grutzner)的传教士一道跨越林波波河进行了一些探查。1871年，毛赫独自向内陆进发，但后来遭遇抢劫，给养断绝，并且处于非常不安全的状态，于是他不得不去伦德尔那里求助。伦德尔接待了毛赫，把毛赫安排在一位酋长所在的牛栏居住，并告诉了他一些关于大津巴布韦废墟的信息，二人还一起进行了数次探查。

1871年9月5日，毛赫第一次看到了大津巴布韦，他在日记中对当时的情况和所见进行了比较细致的描述。

当时，毛赫登到一个高处，希望能看到他已多次听说的石建废墟，但只是看到了一小段石墙。随后，在沿着一段山脚谷地地带行进时，毛赫发现了一段延伸较长的半倾塌石堆，从表面很容易看出它之前应为一道石墙。存留的石墙最高处不过3—4英尺，石墙所用石块为长方体形状的花岗岩。在另一片山坡上，也能看到类似的石墙倾塌堆积。毛赫当时认为，这些石墙可能是某种设防建筑的墙体。

这时，同行的人去找附近的一位酋长，一是进行通报，二是希望征得同意以展开探索。在这间隙，毛赫继续四处走动，然后发现了一处竖立的石墙，高度大约是20英尺。毛赫想找一个口子绕到石墙背后看一看，但并没有发现属于石墙本身的出入口或者可出入的通道，而是发现了近人踏出的小径。于是，毛赫就沿着这条小径行进，通过堆积的石块和灌木丛跌跌撞撞地进入了石墙内部，并最终在一座圆锥塔形建筑前停下了脚步。

圆锥塔形建筑保存完好，根据毛赫当时的估计，其高约为30英尺，下部10英尺的部分的直径约为15—16英尺，上部20英尺的部分的最小直径约为8英尺。圆锥塔型建筑使用修饰良好的花岗岩石块，其堆砌未使用粘合剂，但是石块与石块之间却也结合紧密。毛赫试图寻找圆锥塔型建筑的出入口，但未能发现。而此时，同行的人开始呼叫毛赫，毛赫只能先离开，不过他出去也是费了很大的劲，因为到处都是散乱堆积的石块和灌木。毛赫出去后，与过来见他的酋长进行了友好的交流，酋长同意毛赫可以择日再来探查。[①]

9月11日，毛赫进入山顶建筑部分，他在岩石、石墙和狭窄的通道间曲曲折折地攀登，然后得出结论认为这里一定曾是一座坚固的堡垒。在这里，毛赫看到了依石而建的石墙，看到了用来支撑墙体的石柱——上面还有装饰刻纹，还找到了一个扁平的皂石碗和一件铁双铃。总体上来说，引人注目的遗物不多，毛赫认为这要么是因为有人搜寻捡走了，要么是有些东西藏在岩洞或者某些缝隙中。[②]

9月16日，毛赫对一处有石英矿的地方进行了探查，这里仍有石墙和炉子的遗存，但未发现挖掘的痕迹，毛赫认为这里肯定是存在挖掘采矿活动的，但痕迹已经被掩盖了。

9月17日至30日，毛赫在大津巴布韦遗址周边走动探查，看了一些开采铁矿的地方，并拜访了一些人。[③]

1872年3月，毛赫再访大津巴布韦，尽管有数不清的树木、荆棘、荨麻、藤蔓、灌木、野草和倒伏的植物等妨碍，他还是绘出了一张大石围的平面格局示意图。限于当时大津巴布韦所处的状态和本人所掌握的资源条件，毛赫并没有进行科学的发掘、测量、遗物搜集整理和研究等工作。不过，毛赫在大石围北面出口的楣梁上取了一块木片，他认为这根楣梁应是由雪松制造，这种雪松应是来自黎巴嫩，而把黎巴嫩的雪松带到这里来的应是腓尼基人。毛赫想起之前曾与一名土著谈到莫诺莫塔帕的问题，他当时认定大津巴布韦应该与莫诺莫塔帕有关系，而大津巴布韦又被一些土著称为“尊贵女人的房子”。在认定楣梁为腓尼基人带来的黎巴嫩雪松后，毛赫大胆地推测认为大津巴布韦可能与示巴女王有关，示巴女王也是津巴布韦女王，而大津巴布韦正是耶路撒冷的所

---

① Transcribed from the original by E. Bernhard and translated by F. O. Bernhard, *The Journals of Carl Mauch: His travels in the Transvaal and Rhodesia, 1869–1872*, pp. 140–144.

② Transcribed from the original by E. Bernhard and translated by F. O. Bernhard, *The Journals of Carl Mauch: His travels in the Transvaal and Rhodesia, 1869–1872*, pp. 145–148.

③ Transcribed from the original by E. Bernhard and translated by F. O. Bernhard, *The Journals of Carl Mauch: His travels in the Transvaal and Rhodesia, 1869–1872*, pp. 150–157.

罗门王神庙的仿制品。①

毛赫将自己获得的信息发回欧洲后，逐渐被认定为是大津巴布韦的首位发现者，尽管实际上伦德斯才是——或者说伦德斯其实也不一定是。但可以明确的是，毛赫至少是首位对大津巴布韦遗址进行比较深入探访的欧洲人，并且他还绘出了第一幅大石围的平面格局示意图。此外，毛赫把大津巴布韦与腓尼基人、示巴女王、所罗门王等联系起来的做法也为后来的种种"含米特论"开了先河，后续的各种"含米特论"猜测，基本上都没有脱出毛赫的框架。②

但应该强调的是，毛赫仅凭一块木头来展开推论的做法无疑是过于轻率了。而后来，罗得西亚大学院（University College of Rhodesia）的一位植物学专家专门就毛赫的木头发表了意见，表示毛赫认为是黎巴嫩雪松的楣梁其实更有可能是非洲檀香木（*Spirostachys africana*）。③

四、塞卢斯的考察与推论

弗里德里克·塞卢斯（Frederick Selous）自19世纪70年代初起在马塔贝莱兰（Matabeleland）和马绍纳兰（Mashonaland）狩猎行商，持续20余年，几乎走遍了津巴布韦共和国所在的这片土地。而对于这片土地上的石建废墟，他当然是有所见有所知的。如塞卢斯自己说："在很

---

① Transcribed from the original by E. Bernhard and translated by F. O. Bernhard, *The Journals of Carl Mauch: His travels in the Transvaal and Rhodesia, 1869－1872*, pp. 183－186, pp. 188－191.

② 就所涉及的具体人群或文化来说，与大津巴布韦相关的外来因素主要是含米特因素或者闪米特因素，这在非洲史研究领域常被称作"含米特论"。"含米特论"在19世纪末20世纪初特别盛行，后又在人类学调查研究成果的基础上经塞利格曼确认定型，长期在涉及北非、西非北部、东北非、东非沿海、东南非内陆的一些具体历史问题上发挥着若有若无的影响。塞利格曼认为，非洲的文明是含米特人的文明，非洲的历史是含米特各族的记录以及他们与两个较原始的黑人群即尼格罗人和布须曼人相互影响的记录。被认为可能是大津巴布韦建造者的人群主要包括腓尼基人、犹太人、阿拉伯人、古埃及人以及东北非一带与亚洲联系密切的人群，这些人都被归属于"含米特人"。

③ H. Wild, Notes on the Botany of Mauch's Journals, in Transcribed from the original by E. Bernhard and translated by F. O. Bernhard, *The Journals of Carl Mauch: His travels in the Transvaal and Rhodesia, 1869－1872*, p. 299.

多次旅行中,我了解了一些在这一地区居住的土著的历史,访问了津巴布韦(Zimbabwi)的古代神庙,还对马科尼(Makoni)和曼格文迪(Mangwendi)两位酋长地界上的很多石墙建筑进行了仔细的考察。"①

在《东南非的旅行与冒险》一书中,塞卢斯对包括大津巴布韦在内的多处石建遗址进行了描述,并就这些石建的起源、演变等相关问题提出了自己的看法。

塞卢斯首先明确,大津巴布韦的建造者并非操班图语言的黑人。但塞卢斯也表示,班图人到底是怎么回事其实也很难完全说清。塞卢斯称,石建废墟所在土地上的居民常常被认为属于"班图人",但班图人恐怕也不是一个血统单纯的人种,尽管黑种人的血液在他们身上占主导地位。但是,他们身上肯定也有外部人的血液,而且这里所说的外部人是指淡色皮肤的人。塞卢斯称,卡菲尔人(Kaffir)②的所有族群中都有一些体型美、嘴唇薄、头型佳的人,他们几乎都有颜色相对较淡的皮肤。塞卢斯表示,他倾向于认可大津巴布韦的最初建造者来自南阿拉伯的观点。③

如果说大津巴布韦之类的石建是黑人建的,那为什么 19 世纪白人所见的这些黑人大部分都没有住在石建里并且似乎也没有能力建造石建呢?而如果按照当时很多白人所认定的,说大津巴布韦之类的石建不是黑人建的,那建造这些石建的人去了哪里呢?他们又为何会抛下那些石建呢?对于这些问题,塞卢斯提出了一种"血统混合"导致"退化"的推论。

根据自己在大津巴布韦的调查和对所见和打交道的东南非土著居民的认识,塞卢斯提出这样的假设:两三千年前,一支来自南阿拉伯的商业人群进入马绍纳兰所在的土地。他们了解当时亚洲文明国家的需

---

① Frederick Selous, *Travel and Adventure in South-East Africa*, Rowland Ward and Co., Limited, 1893, p. 327.

② "卡菲尔人"本意为"异教徒",曾被多种外来人群用来称呼东南部非洲的黑人。南非的白人最初主要是把科萨人(Xosha)称作卡菲尔人,但后来扩展到南部非洲的其他黑人。科萨人最初集中于今南非东面近印度洋的地方,由于他们肤色相对较淡,因此被认为可能与一些因船只漂流、失事或者其他原因从印度洋上岸的外来人群有血缘联系。

③ Frederick Selous, *Travel and Adventure in South-East Africa*, pp. 330 - 331.

要，懂得黄金的价值，而他们就在马绍纳兰的山川中发现了黄金。于是，这些阿拉伯半岛的商人就在马绍纳兰立足，指导当地黑人为他们采矿，而大津巴布韦正是这些阿拉伯商人的主要基地。在强迫当地人劳动的情况下，他们还建起崇拜巴尔神(Baal)的神庙和设防的堡垒。但是，这些来自南阿拉伯的人没有带来多少同种同族的妇女，于是他们就只能与当地黑人通婚。在一段漫长的时间里，在整个东南非内陆，南阿拉伯半岛居民与当地黑人在采金、建城、定居、通婚等方面的互动以不同的方式和程度持续着，一些当地人也学会了建造粗糙的石建和以粗放的方法采金。随着时间的进一步推移，南阿拉伯人的血液越来越少，当地黑人的血液越来越多，最终南阿拉伯人看不到了，有的只是黑人。但是，远古时津巴布韦建造者的血液仍然存在于某些黑人的体内。[①]

就大津巴布韦本身来说，在塞卢斯看来，大津巴布韦也只是在非洲的标准下才显得壮观。他认为，大津巴布韦的建造者应是一批粗野的人，他们有一种信仰，花了大量的精力和注意力来矢志建设石头神庙，但大津巴布韦仍然是粗糙且不对称的。大津巴布韦的石墙没有一处是真正垂直的，石墙的厚度处处不一；在建筑本身和关联岩石的任何部位都没有发现书写文字的片段乃至残余，那些人们显然不知道任何形式的书写；在一些皂石柱上能发现有规则的菱形和鱼骨形的雕刻图纹，应该是建筑本身的外部装饰，但奇怪的是，它们与现世[②]马绍纳兰地区土著居民的木质刀鞘和陶器上的装饰图纹很相似，也可与数百英里外的洛兹人(Lozi)的家用物品上的装饰图纹作比对。[③]

而在大津巴布韦遗址中发现的最引人注目的遗物无疑是皂石柱顶的皂石鸟，这在班图人中找不到任何相似物或对应物，它们应该是与古代的信仰相联系。但是，在皂石碗上的雕刻又是另一种情况。一些图案粗糙而模糊，有人认为图案中的动物是河马，而塞卢斯则认为是狒狒，因为它们有长尾。而如果忽略它们到底是哪种动物而只关注它们是动物的话，那可以发现它们跟现世班图人的木雕比较相似——对于

① Frederick Selous, *Travel and Adventure in South-East Africa*, pp. 331 - 333.

② 指记录作者所处的年代，下同。

③ Frederick Selous, *Travel and Adventure in South-East Africa*, p. 333.

此点，塞卢斯认为是“古代艺术家的天才基因”仍存留在现世班图人的血液中。[①]

塞卢斯曾考察过大津巴布韦的大石围部分——塞卢斯认为它是一座古代的神庙——和周边一些较小规模的石建废墟，还有大石围附近山上的“堡垒”；而在更大的东南非范围内的不同地方，塞卢斯还见过成千上万处石墙废墟。但是，塞卢斯从未见过石建城市的遗存。即便是大石围附近的石建区域里，有的也只是泥土干枝建造的茅屋。在建有“堡垒”的山丘的脚下，地上有两个大洞。对于这两个大洞，有人认为是作储水用，但塞卢斯认为是取土留下的洞，而取出来的土，一部分是用于制作陶器，还有一部分则是用来涂抹茅屋。塞卢斯表示，在现世的绍纳人中，挖洞取土这种活动仍然持续存在。[②]

塞卢斯认为，古代那些崇拜巴尔神的人的血液仍然流淌在现世当地居民的血管中，虽然已被极大地稀释，但仍不时能产生出一些淡色皮肤的人，还有时则能产生出一些具有较高智慧的人。随着时间的流逝，较高等种族几乎完全融没于较低等的土著，巴尔神崇拜逐渐消逝，取而代之的是当地人的祖先崇拜。但是，从那些古代阿拉伯半岛来的人处学来的建造石墙和采掘黄金的技艺仍然持续到近世。16、17 世纪进入的葡萄牙人仍然描述说东南非内陆有由当地人开展的采金活动，19 世纪上半叶侵入的姆齐利卡兹（Mzlikazi）的战士中有人曾在口头上述及他们看到当地人在深洞中劳作的场景。马绍纳兰东北部的马科尼酋长和曼格文迪酋长治下的人们也会用石头砌墙围护自己的村庄，因为那时恩德贝莱人不断侵袭，虽然石墙不能提供全面的保护，但也能起到一些作用。但是，恩德贝莱人的侵袭最终还是促使绍纳人放弃了建造石头建筑和采掘黄金。只不过，一些残余的石墙和废弃的矿坑仍然默默无声地留存了下来。19 世纪末的一些白人旅行者和探矿者也零零星星地提到发现过采矿用具比如木桶、绳索等，还有一些看起来废弃不久的矿坑、矿石堆、渣土堆等。[③]

---

① Frederick Selous, *Travel and Adventure in South-East Africa*, p. 334.

② Frederick Selous, *Travel and Adventure in South-East Africa*, p. 334.

③ Frederick Selous, *Travel and Adventure in South-East Africa*, pp. 334 – 338.

塞卢斯也认为，年代越古老，石建的设计建造的水平就越高，这可以看作是“血统混合”导致“退化”的又一项证据。在塞卢斯看来，大津巴布韦跟其他地方的近世石建废墟相比时，孰优孰劣，高下立判。塞卢斯在马科尼酋长的地界里找到了石建水平低下的证据，他在那里看到的要么是粘土干枝建筑，要么是零乱粗糙的石墙。马科尼本人也说，他的祖先奇帕兹（Chipadzi）的村庄所环绕的石墙的设计建筑水平还是很高的。塞卢斯也到访过马科尼所说的奇帕兹的老村庄，他也认可那里的石墙建筑具有相对较高的水平。①

塞卢斯曾记录他在 1890 年 10 月 19 日见到奇帕兹老村庄石建废墟时的情景：我离开马科尼的村庄时发现了一些非常奇怪的老旧废墟：在一座山上有一些呈同心圆状分布的石墙，还有石基的圆形茅屋，而在这个整体之外还有一道壕沟；在山的不远处还有一座由大块花岗岩堆积成的小山丘，其中一些花岗岩堆积在小山丘中央，构成一座塔的形式，而整个小山丘又被一道建筑水平很高的石墙围住，石墙周长约 200 码，厚约 8 英尺，高约 10 英尺，砌石似乎使用了泥浆粘合——这倒是我在东南非第一次见到有泥浆粘合的石墙。石墙围有 4 个入口，入口高约 4 英尺，宽约 2.5 英尺。在石墙围内部有很多圆形建筑的地基，这些地基都恰到好处地存在于一块一块花岗岩之上。在这地基之上曾存在的应该是茅屋，这种茅屋比现世当地土著居住的茅屋要大至少 3 倍。值得一提的是，这种在岩石上建基筑茅屋的现象在现世仍然存在。除了 4 个出入口外，在石墙上还有一些小孔，它们应该是弓箭手放箭的孔，但也有一些可能是排水用。②

在离奇帕兹石建村庄约半英里的地方还有奇帕兹的坟墓，坟墓的一边有一道建筑良好的石墙，约 10 英尺高，用方形的花岗岩石块整齐地堆砌，严丝合缝，但没有使用任何粘合物。这道石墙可以跟大津巴布韦的部分建筑水平最高的石墙媲美，而这种精美的石墙应该是同一批人所建。奇帕兹的坟墓是马科尼治下人们的“神庙”，他们也称石墙为

---

① Frederick Selous, *Travel and Adventure in South-East Africa*, pp. 338 - 339.

② Frederick Selous, *Travel and Adventure in South-East Africa*, pp. 339 - 340.

“津巴布韦”(the Zimbabwi),他们在这里杀牛献祭和举行仪式,一些人还会供奉山羊、家禽或者啤酒。①

“血统混合”导致“退化”从逻辑上来说似乎颇有说服力,但实在的证据却并不充分。而且,退化应该是一个缓慢的过程,但塞卢斯却发现,一些地方的石建设计建造由高水平向低水平的转变似乎是突然发生的,或者说,那些能建造高水平石建的人似乎突然地就消失了,只留下一批不知如何砌石或只会胡乱砌石的人在这片土地上延续。②

总体上,塞卢斯不认为在东南非曾存在高度发达的外来文明,但认为曾有一支外来的商业人群在东南非活动,他们采掘金矿并建造了一些石建。当地人把这些技艺学了去,并也学着开展采掘金矿和建造石建的活动。随着时间的推移,外来人群逐渐融合到当地土著中,曾有的技艺和文明逐渐退化乃至消失,只留下了一些石建废墟。这些石建废墟因实际建造者不同和建造年代不同而呈现不同的水平,但基本的规律是:越古老的石建就有越多外来性,相应的建筑水平也越高;越往后的石建的外来元素就越少,往往呈现为当地人的外来祖先基因的一种退化性闪现,其相应的建筑水平也越来越低。在塞卢斯看来,外来人群并不是被本土人群征服、摧毁,而是慢慢地融入到当地人群中并随此而逐渐退化成一个较低等的种族。③

五、 本特的考察与研究

西奥多·本特(J. Theodore Bent)是一名英国古物学家和旅行家,他于1891年受英国南非公司之邀在罗得西亚开展研究工作,他与苏格兰测量绘图员罗伯特·斯万(Robert McNair Wilson Swan)一道对大津巴布韦的大石围和山顶建筑部分进行了发掘,并探访了马滕德雷等石建废墟以及卢萨佩(Rusape)地区的一些有石墙建筑的村庄。

1892年,本特出版了《马绍纳兰的废城》一书(此书之后多次再版

---

① Frederick Selous, *Travel and Adventure in South-East Africa*, p. 340.

② Frederick Selous, *Travel and Adventure in South-East Africa*, p. 338.

③ Frederick Selous, *Travel and Adventure in South-East Africa*, pp. 341 - 342.

重印，本书使用 1902 年版）。[①]

本特抵达维多利亚堡（Fort Victoria，即今马斯温戈）后，即从此前往 14 英里外[②]的大津巴布韦。虽然只有 14 英里，但由于路途难行牛车，步行一天可以来回的路程却花了本特七天的时间。[③] 最终，本特于 1891 年 6 月 6 日抵达大津巴布韦所在地。但是，本特一行却发现，一些低洼的地方积满了水，有些地方则是不利于健康的沼泽，当时本特的队伍有多人发烧生病。由于带着牛车，所以本特等人也无法到高处去，只能在低地忍受疾病侵袭。不过，由于食物和奎宁准备得比较充分，倒是没有发生致命的结果。[④] 从本特的这段记述来看，大津巴布韦所在的地方倒并不一定就是一块宜居之地，至少低洼地带是如此，本特当时自己也是这么认为。而且，当时大津巴布韦本身的状态也比较不利于开展工作，本特的记述说，“当我们抵达大津巴布韦时，大石围部分被掩盖在稠密的热带草树中，藤蔓悬垂，形成一片难以穿越的丛林；石墙也弯弯曲曲，像迷宫一样，让人更觉神秘。但是，石墙本身还比较光净，因为砌石未施灰泥，所以上面的苔藓、植物等相对还比较少。”[⑤]

本特在对大津巴布韦展开发掘之前，就从对当地土著卡兰加人（Kalanga）日常生活的观察中得出一些“含米特论”性质的观点。本特认为，卡兰加人有闪米特人的血统，他们的智力要高于一般的卡菲尔人。他把卡兰加人的葬仪、造物主信仰、祖先观念、献祭、割礼等与古埃及文明相联系，把一些生活用品、乐器、游戏等与阿拉伯文明相联系；甚至卡兰加人的酸奶和啤酒的制备和饮用，本特都认为与小亚或者古埃

---

① J. Theodore Bent, *The Ruined Cities of Mashonaland: Being A Record of Excavation and Exploration in 1891*, Longmans, Greens, and Co., 1902.

② 按当时的路径计算的距离。

③ J. Theodore Bent, *The Ruined Cities of Mashonaland: Being A Record of Excavation and Exploration in 1891*, p. 52.

④ J. Theodore Bent, *The Ruined Cities of Mashonaland: Being A Record of Excavation and Exploration in 1891*, p. 55.

⑤ J. Theodore Bent, *The Ruined Cities of Mashonaland: Being A Record of Excavation and Exploration in 1891*, p. 104.

及的影响有关。[①] 本特在大津巴布韦时，当地的酋长姆加比（Mgabe）来访，他带着一串非常古老的威尼斯珠子项链，本特认为它肯定是阿拉伯商人带来的。而在姆加比一行人中，本特也觉得有些人有阿拉伯人的体质特征。[②]

本特与姆加比达成协议，从姆加比那里雇了 30 个人，报酬是一人一个月一条毯子，毯子的价格在图利堡（Fort Tuli）是 4 先令 10 便士，在英国的价格则还要减一半。[③] 本特在津巴布韦的发掘工作持续了 2 个月，虽然中间有一些小插曲，但本特认为还是很顺利的，整个过程也比较轻松愉快。在发掘期间，周围的村民都涌了过来，有的围观指点甚至希望能参与相关工作，有的则带鸡、蛋、牛奶、蜂蜜、土豆、西红柿、辣椒、野果等东西来卖，大津巴布韦的发掘现场成了一个市场。[④] 从这一点来说，本特的工作可以说是比较不严谨的。

在发掘工作开始之初，姆加比的一个叫伊科莫（Ikomo）的兄弟时常来制造麻烦，后来英国南非公司的官员听说后把伊科莫叫过来，警告说如果他再来找麻烦就把他的牛栏烧掉，把他驱逐，此后伊科莫就没有再来打扰了。但不久后，挖掘的工人们开始挖到一些坟墓，起出一些尸骸和陪葬物，这引来了一些相关人员的抱怨和不满，部分人情绪比较激动。由于这个问题敏感而严重，本特也不敢武断处理，他就把坟墓回填，并不再在相关的点继续发掘。但实际上，从考古的角度来讲，这些坟墓遗存能提供的信息可能恰恰是最丰富的。

除了在大津巴布韦进行发掘外，本特也在周边进行了走访和调研，包括看了一些小型的石建废墟，还听了一些相关的口头传说，比如有人跟本特说，石建是外来的白肤色人建的，但当地人认为这些人和石建都

---

① J. Theodore Bent, *The Ruined Cities of Mashonaland: Being A Record of Excavation and Exploration in 1891*, pp. 56 – 58.

② J. Theodore Bent, *The Ruined Cities of Mashonaland: Being A Record of Excavation and Exploration in 1891*, p. 66.

③ J. Theodore Bent, *The Ruined Cities of Mashonaland: Being A Record of Excavation and Exploration in 1891*, p. 69.

④ J. Theodore Bent, *The Ruined Cities of Mashonaland: Being A Record of Excavation and Exploration in 1891*, p. 70.

是邪恶的东西，所以就在水里下毒，把这些人都毒死了，而石建也相应地被废弃了。①

在当地黑人的协助下，本特等人进行了一些清理工作，在锥形塔附近和其它比较突出的点进行了一些发掘，同时还进行了一些建筑测量。

按照本特等人测量和调查的记录，大石围呈椭圆形，石墙最高处为35英尺，最低处为15英尺，墙基最厚处为16英尺2英寸，最薄处为5英尺；墙体东南部建得比较整齐，使用的石料大小一致，墙更厚也更高，似乎使用了拉线保持平直的辅助技术；墙体西北部和一些内部的墙体有较多不规则处，使用的石料也大小不一。本特认为，这两部分可能是不同时期建造的。② 此外，一些建筑水平较高的石墙会延伸出一部分以不规则堆放方式形成的墙体。本特认为这部分建筑水平较低的墙体是后来所建，包括一部分可能是近世土著建造的用于防御祖鲁人侵袭的防护体。③ 总体上来说，本特的基本判断是，较早的墙体建筑水平更高，较晚近的则水平较低；而与此相对应，较早的应是外来族群所建，较晚的则是出自土著之手。

本特未在谷地部分进行发掘，其理由是那里已被一代又一代的土著挖掘过一次又一次，因为那里是他们的玉米地。但本特也说，土著的这种挖掘仍然只限于表层。④

值得注意的是，当时具体负责挖掘工作的是当地黑人。本特从一开始就说过这些黑人不能很好地使用挖掘工具，但本特似乎并没有太在意这回事，他本人是否有给出一些挖掘的规范和注意事项也不得而知。但本特的记录给人的感觉是，这里挖挖，那里挖挖，比较随意，无规划，并且一般都不深挖，一般都是挖到硬结地面或者遗存物后就停止，

---

① J. Theodore Bent, *The Ruined Cities of Mashonaland: Being A Record of Excavation and Exploration in 1891*, pp. 82 - 83.

② J. Theodore Bent, *The Ruined Cities of Mashonaland: Being A Record of Excavation and Exploration in 1891*, p. 105.

③ J. Theodore Bent, *The Ruined Cities of Mashonaland: Being A Record of Excavation and Exploration in 1891*, pp. 119 - 121.

④ J. Theodore Bent, *The Ruined Cities of Mashonaland: Being A Record of Excavation and Exploration in 1891*, p. 120.

然后开始定性。

本特获得的遗物主要来自山顶建筑的东部"神庙"部分。本特称，较低地方的石建已被土著翻乱破坏，没有什么东西遗留；而较高地方则因为巨石较多，一些地方被遮蔽保护，所以留下了比较多的遗物。

在发现的遗物中，首先比较突出的是包括皂石鸟在内的多种皂石制品。本特共找到 8 个皂石鸟，6 大 2 小，大的最高 5 英尺 4 英寸，小的则要矮约半英尺。皂石鸟与基座相联系，而从基座的数量来看，应还有更多的皂石鸟。这些皂石鸟的外形不尽相同，但仍是表现同一种形象，本特认为应该属于鹰鹫之类。本特认为，这些皂石鸟与亚述传统信仰中的某种女神或者维纳斯女神雕像近似，代表着造物中的雌性元素，在腓尼基人世界有圣化献给女神的鸟雕，古埃及文明中有以鹰鹫代表母性的内容，南阿拉伯也曾有过以鹰鹫为图腾的族群。

在山顶神庙的中央有一处被认为是"祭坛"的存在，在祭坛四周有大量被本特认为是代表阳物崇拜的皂石制品，并且能从这些象征阳物的皂石件中发现割礼元素的存在，而在本特看来，这部分的内容是主要与古埃及相关，当然也不排除腓尼基的元素。

还有一些有雕刻花纹的皂石柱，部分石柱为残体。石柱花纹既有网格、波浪、几何等形，也有玫瑰形。再就是一些形制特别的石头堆积，而这些石头又显然是从其他地方移过来统一堆放的。本特认为这些元素都可以在腓尼基和阿拉伯找到对应相似物。①

结合皂石鸟代表的雌性元素和皂石柱代表的雄性元素，本特认为大津巴布韦的古代居民实行的是一种双神崇拜，认为二者共同构成造物。②

再就是皂石碗和皂石碗碎片，既有有装饰者，也有平白无装饰的。这些碗和碗片大部分埋藏在"堡垒"的"神庙"附近。这些碗的碗口精密成圆，有精美的凸点装饰和图案，有较高的艺术水准，显然也是来自有

① J. Theodore Bent, *The Ruined Cities of Mashonaland: Being A Record of Excavation and Exploration in 1891*, pp. 191 - 195.

② J. Theodore Bent, *The Ruined Cities of Mashonaland: Being A Record of Excavation and Exploration in 1891*, pp. 180 - 189.

更高发展水平的族群。在本特看来，这无疑是与外部世界的更文明族群进行商业交往的结果。这些碗中有7个是差不多同样大小，根据一些碎片进行圆测量，可知其直径均为约19.2英寸。[①] 有一个石碗外部的装饰呈现的是狩猎场景，制作精良，在一些方面类似腓尼基人的工艺制品。狩猎场景有野兽，包括三头斑马，两头河马；在其中的两头野兽之间是一个人，这个人一左一右操御两个野兽，应是一个霍屯督人；而在中间的空余地方，还有一只飞翔的鸟，显示的都是腓尼基制品的特征。由于腓尼基人特别擅长描绘他们所处的异域环境，不论是在希腊还是在埃及，无论是在非洲还是在意大利，所以，在大津巴布韦发现的这些非洲本土化的场景描绘，也不过是腓尼基人在又一个异域的又一种艺术能力展现。[②] 还有一个大碗，碗体有三头公牛，其最能体现艺术水平的是三头公牛的三对角都是不同的。[③] 还有三块来自三个非常大的碗的碎片，第一块碎片上的雕刻应该是一个宗教性的场景，因为画面呈现为一只手举着一个锅或者香炉，里面装盛的应是献祭物；还有另一个人的一只胳膊连着一个后脑勺，似乎是抓着这个后脑勺的头发——这种献祭模式在很多闪米特族群里都是非常常见的；[④]第二块碎片是一块碗口沿碎片，上面似乎是某种植物图案，可能是一棒玉米，其石料是亮绿色的皂石；[⑤]第三块碎片也是一块碗口沿碎片，上面有一些几何形刻画线，本特认为这可能是某种书写形式，而这种书写形式似乎与阿拉伯半岛的示巴铭文有一些相似的地方，而腓尼基和早期希腊的花瓶也有类似的刻画。[⑥]

---

① J. Theodore Bent, *The Ruined Cities of Mashonaland: Being A Record of Excavation and Exploration in 1891*, pp. 195-196.

② J. Theodore Bent, *The Ruined Cities of Mashonaland: Being A Record of Excavation and Exploration in 1891*, pp. 196-197.

③ J. Theodore Bent, *The Ruined Cities of Mashonaland: Being A Record of Excavation and Exploration in 1891*, pp. 197-198.

④ J. Theodore Bent, *The Ruined Cities of Mashonaland: Being A Record of Excavation and Exploration in 1891*, p. 198.

⑤ J. Theodore Bent, *The Ruined Cities of Mashonaland: Being A Record of Excavation and Exploration in 1891*, p. 199.

⑥ J. Theodore Bent, *The Ruined Cities of Mashonaland: Being A Record of Excavation and Exploration in 1891*, pp. 199-200.

还有一件中间穿孔的圆柱形皂石件，圆周长2英尺。有人可能会首先想到是一个石磨，但石磨显然不应该用易碎的皂石来制造。在这个皂石件的边上和顶上有类似抓手的东西，四个在边上，四个在顶部；从中部穿孔处有一道槽开到边缘。这个皂石件到底是做什么用，本特表示也很迷惑，但他表示在塞浦路斯发现过相似的物品，再就是希罗多德描绘过叙利亚的腓尼基神庙的具有神圣意味的圆锥体形物（the sacred cone）。[①]

在神庙周边的地表和近地表还发现了中国青瓷、波斯器皿、埃及或者阿拉伯产玻璃和玻璃珠、阿拉伯商人带来的陶器的碎片等。本特认为这些应该都是阿拉伯商人带来的，他们用这些东西来交换黄金。[②]

此外，还有一些青铜件和铁件，包括一些铁矛头和铁箭头，本特认为这些应该是很古老的，不可能是出自卡菲尔人的作坊。比较特别的是三件铁双铃，类似的双铃在刚果也发现过，但本特仍认为它们应该也是外部传入的。带倒钩的青铜矛头发现于堡垒出入口处的塌石中，本特认为这是一种来自遥远北方努比亚的东西；再就是凿、锛、钳、锹等，本特认为也是非洲土著不了解的东西。[③]

在堡垒神庙临近的下部有一个炼金炉，用非常坚硬的花岗岩制成。在两块巨石中有一道槽沟，矿渣应该是通过这道槽沟来处理。值得指出的是，大津巴布韦并不是在金矿脉上，而是离最近的金矿脉有约12英里，因此还需要把金矿石运到大津巴布韦来冶炼。在这里还发现了一些粘土制小坩埚，应该是用来熔炼黄金，几乎所有的小坩埚上都还带有金斑；有一些水磨石，上面也有残留的金成分，应是用作研磨抛光；在附近的一处岩洞挖到了一个锭模，本特认为也是腓尼基人的。[④]

---

① J. Theodore Bent, *The Ruined Cities of Mashonaland*: *Being A Record of Excavation and Exploration in 1891*, pp. 203 - 204.

② J. Theodore Bent, *The Ruined Cities of Mashonaland*: *Being A Record of Excavation and Exploration in 1891*, pp. 204 - 205.

③ J. Theodore Bent, *The Ruined Cities of Mashonaland*: *Being A Record of Excavation and Exploration in 1891*, pp. 209 - 215.

④ J. Theodore Bent, *The Ruined Cities of Mashonaland*: *Being A Record of Excavation and Exploration in 1891*, pp. 215 - 218.

本特不是从大津巴布韦本身出发进行探讨，而是喜欢援引古代近东、中东的古物、文献和研究著作等。本特的用词也比较武断，除了喜欢使用“无疑”“肯定”“显然”之类的词外，再就是动辄用“神庙”“祭坛”“堡垒”来给石建定性。

本特把大津巴布韦内的一些特征性部分——比如锥形塔、比如砌石方式——直接与东地中海世界和阿拉伯半岛的一些类似建筑作对比，几乎是不加分析地就认为它们是一致的，并且自由发挥地进行类比，以此强调大津巴布韦的外来性质。其基本套路就是在广大的欧亚世界寻找类似物，从米底到阿拉伯，从波斯湾到撒丁尼亚，本特四处援引，然后说大津巴布韦与之相联系。对于建筑的一些组成部分，本特总倾向于去想象。比如在大石围内的一处由三块巨石围绕的有垃圾堆积的地方，本特说想象它是一处祭坛；而在山顶建筑部分，有一处硬结的平台也被本特直截了当地说成是祭坛，本特甚至还想象出大规模人群聚集的宗教性或仪式性场景；在发现一些巨石后，本特说认为巨石崇拜是这座建筑旧时居住者信仰的一个有机组成部分；对于一些石柱，本特则认为是阳物崇拜。①

综合黄金采掘冶炼活动、古代崇拜、古代建筑、古代艺术等多个方面的证据，本特认为马绍纳兰是阿拉伯半岛的黄金来源地之一，石建的堡垒和城镇主要是为了维持和保护长期的黄金采掘冶炼活动。而从事这一活动的人是阿拉伯半岛的居民，他们可能是一个非常古老的族群，但他们与古埃及人和腓尼基人关系密切，甚至有可能就是为古埃及人和腓尼基人工作或者黄金就是卖给古埃及人和腓尼基人。本特谈到蓬特(Punt)，他说无论蓬特是在阿拉伯半岛南部、还是在非洲东部，都会出现一个问题，就是他们的黄金是哪里来的，而马绍纳兰的黄金正好可以回答这个问题，大津巴布韦的存在正好可以回答这个问题。②

其实，本特更像是一个旅行者，他在大津巴布韦和其他废墟的工作

---

① J. Theodore Bent, *The Ruined Cities of Mashonaland: Being A Record of Excavation and Exploration in 1891*, pp. 115 – 119; p. 128.

② J. Theodore Bent, *The Ruined Cities of Mashonaland: Being A Record of Excavation and Exploration in 1891*, pp. 219 – 222.

更多地是一种带有强烈个人兴趣色彩的古物搜集，而不是真正专业的考古。本特的《马绍纳兰的废城》一书，从内容来看，有约一半的内容是讲他前往废墟的过程和在废墟周边的所见，记录的是自然风光、人文风俗之类，还有当时刚在马绍纳兰安顿下来的白人的情况。而在剩余的内容中，他也并没有很详细地讲发掘和寻找古物的过程，因为他的挖掘工作具有很强的随意性；无论是对大津巴布韦本身的论述还是对古物的论述，本特都不是从建筑和古物本身出发进行探讨，而是先入为主地就认定它们是外来的，然后以此为起点进行演绎，动辄腓尼基、古埃及、阿拉伯，又或希腊、小亚，如果一定要说非洲也只是说说努比亚或者埃塞俄比亚，总之是不认为黑人土著有一丝一毫的贡献。

与本特一道的斯万对大津巴布韦石建进行了一些测量，他也是浮想联翩，把大津巴布韦与太阳崇拜、天文农时相联系，从而进一步与古埃及、古希腊、阿拉伯文明挂上钩。但不得不说的是，斯万也仍是在用测量数据说话，只不过他不是通过归纳数据得出结论，而是用数据来证明他已经认定的“含米特论”观点。①

六、 威洛比的考察与研究

紧随本特之后，英国南非公司的约翰·威洛比少校（Major Sir John C. Willoughby）于 1892 年在大津巴布韦遗址进行了一些发掘、调查和研究工作。

当时，威洛比清醒地意识到要把大津巴布韦问题弄清楚并不是一件容易的事。也是从这一考虑出发，威洛比对本特和斯万的工作提出了一些质疑。威洛比认为本特对大津巴布韦所在地区的环境并没有真正的了解，比如本特所谓的四周是一片“荒野”、低洼积水地带不利于健康、路不好走等，威洛比作为一个军人和殖民官员，认为这些其实更有可能是因为本特本人不适应或者没有相关经验，特别是土著一天可来

① R. M. W. Swan, On the Orientation and Measurements of Zimbabwe Ruins, in J. Theodore Bent, *The Ruined Cities of Mashonaland: Being A Record of Excavation and Exploration in 1891*, pp. 141 - 178.

回的路本特走七天这件事，威洛比认为这主要是因为本特对情况不熟悉，也不善于处理相关问题；威洛比还认为斯万的一些测量并不准确，并且明确说，即便是专业人士的测量，也不能只看一个人的数据。[①] 而鉴于问题本身的复杂，威洛比也委婉地对本特发掘工作的短促表示了遗憾，他认为至少需要两年才能对整个废墟做一个比较全面的调查和研究，而不是像本特那样短短的两个月。[②]

威洛比 1892 年 11 月抵达大津巴布韦所在的地区，因为当地的土著族群爆发冲突，威洛比进行了调停，并且本身威洛比也是具有英国南非公司的官方身份，且为军人，因此他比较轻松地获得了相关酋长提供的劳工支持。

威洛比在大津巴布韦进行了持续五周的工作，他在一些地方的地表和一些岩洞进行了搜寻，并选取三个点进行了发掘。

地表和岩洞搜寻所获遗物包括：大铁钉、铁铲、铁器残片、铜/铁链/环残片、石英石、陶制阳物状物残片、有黄金残余的坩埚碎片、卡菲尔人式纺锤、有设计图案的陶器、粗陶片、有设计图案的粗陶片、有打点图案的斑岩色陶器、有打点图案的陶器碎片、有设计图案的黑色陶片、斑岩色精美陶片、一个锅的碎片/把手/纽、大块皂石碗碎片、少量有简单装饰的陶片。

在三个发掘点中，一号发掘点（Ruin I）所获遗物包括：卡菲尔人式锄头、三尖矛、铁凿、铁锤头、铁锄、皂石碗碎片、球状石器（发现处靠近石碗发现处）、皂石游戏盘、石楔（凿）、涂色玻璃、瓶颈部碎片、刀、阳物状石柱碎片、阳物状石柱（4 件部分断开但仍可完整复原，17 件保持完整）、小皂石鸟、塔形标记石雕、皂石碎片、皂石制件碎片、皂石模、有孔皂石碎片、有刻纹皂石碎片、盒扣、粘土球形柄、链子、铜环、有图案的陶器碎片、无设计图案的陶器碎片、有图案的粗制锅碎片、有把手的锅盖、锅盖碎片；二号发掘点（Ruin II）所获遗物包括：铁器碎片、有叶状标记的皂石、有浅纹路图案的皂石、绿色瓷器碎片、绿色瓷器、紧固铰链、有

---

① John C. Willoughby, *A Narrative of Further Excavations at Zimbabye*, George Philip & Son, 1893, pp. viii - xiii.

② John C. Willoughby, *A Narrative of Further Excavations at Zimbabye*, p. 4.

图案的陶器、卡菲尔人式纺锤盘、红色粗陶器碎片；三号发掘点（Ruin III）所获遗物包括：铁制武器尖头部、铁锄和铁矛残片、卡菲尔人式针和箭头、铁器碎片、铁矛头、石英石、绿色瓷器碎片、瓷质珠子、附绿釉铜针、铜手镯、铁手镯、铜手镯残片、小块绿色瓷器碎片、有图案的粗陶碎片、粘土圆盘、粘土锅或坩埚、粘土锅盖。①

在搜寻和发掘过程中，威洛比发现有很多墙体落石或塌石，还有一些石头可能是砌墙未用完的，它们大都埋在土里。在这一点上，威洛比再次对本特提出批评，因为本特说没有见到多少废料堆和落石，而现在威洛比发现这显然是不对的，明显是因为本特没有进行仔细的考察，也没有进行充分地发掘。②

在关于大津巴布韦的诸多问题中，其中一个问题是：石建有屋顶吗？如果有的话，遗存在哪里，因为在石建内部没有看到屋顶的遗存。而且更重要的是，如果有屋顶的话，是什么样的屋顶，屋顶是以什么样的方式支撑的——特别是在大石围，从技术上来讲建造屋顶无疑是一项非常高难度的工作。关于这个问题，威洛比认为，大津巴布韦里的居民应该是住在茅屋里，不管怎样他们都不可能露天居住的。③

在大津巴布韦周边，威洛比少校发现一些废弃矿坑，但矿坑的被废弃似乎并不是因为矿藏被采尽，那些古代的采金者似乎是突然地放弃了在这些地方的工作，而唯一能够解释这种可能的原因是有外部力量的强有力进攻，造成了这些人的消失，或者迫使这些人撤离。④

值得肯定的是，威洛比并没有给出任何确定性的结论。他没有肯定地说大津巴布韦是谁建的，也没有明确地承认外来的影响。而之所以这么做，是因为威洛比认为当时的调查和研究工作还非常不够，并且还有一些明显的错漏，远不足以支撑任何确定的结论。

---

① John C. Willoughby, *A Narrative of Further Excavations at Zimbabye*, pp. 39 – 43.

② John C. Willoughby, *A Narrative of Further Excavations at Zimbabye*, p. 22.

③ John C. Willoughby, *A Narrative of Further Excavations at Zimbabye*, p. 26.

④ John C. Willoughby, *A Narrative of Further Excavations at Zimbabye*, pp. 29 – 30.

七、霍尔的考察与研究

理查德·尼克林·霍尔(Richard Nicklin Hall)是一名律师兼记者。受罗得西亚政府委托,霍尔于1902—1904年在大津巴布韦进行了约两年时间的遗址清理、遗物搜集整理和研究的工作。1905年,霍尔撰写的《罗得西亚马绍纳兰的大津巴布韦》一书出版。① 此前,霍尔还和一名称尼尔(W. G. Neal)的人士共同撰写出版了一本题为《罗得西亚的古代废墟》的书。②

霍尔第一次明确意识到并提出属于大津巴布韦范畴的石建废墟所覆盖的范围非常广,要比本特和威洛比所认为的大很多。霍尔提出一个数据是长至少2英里宽至少1.25英里,但即便这个也不是最终确定,因为在此之外还有一些石建墙基遗存和一些部分埋入土中的墙体陆续被发现,还有一些离大津巴布韦主体相对较远但也并非隔绝的地方也发现有石建遗存。如果要对所有这些遗存进行调查,就需要投入大量的人力和物力,并且还需要长时间的整理、分析和研究。③

当时,摆在霍尔眼前的大津巴布韦是一个布满稠密草木的所在,霍尔称它是一个大自然的缩微:石墙上是呈白色的地衣,然后又有各种颜色的花草藤树,从上往下垂满开粉红色花的藤蔓,在塌落的石头上布满各种野花;在废墟的地面上布满蛇蜕,在石墙和树上则停歇着猫头鹰,再加上那些生殖崇拜的石柱和被认为是祭坛的锥形塔——霍尔把这视作“异教”的象征。在霍尔看来,那层层的石墙仍在静静地“诉说”

① R. N. Hall, *Great Zimbabwe, Mashonaland, Rhodesia: An Account of Two Year's Examination Work in 1902 - 1904 on Behalf of the Government of Rhodesia*, Methuen & Co., 1905.

② R. N. Hall and W. G. Neal, *The Ancient Ruins of Rhodesia*, Methuen & Co., 1904.

③ R. N. Hall, *Great Zimbabwe, Mashonaland, Rhodesia: An Account of Two Year's Examination Work in 1902 - 1904 on Behalf of the Government of Rhodesia*, xv-xvi.

一种死去的信仰。①

在正式展开调查之前，霍尔登上山顶建筑部分所在的高地，对大津巴布韦石建废墟进行了一个鸟瞰——后来的卡顿—汤普森则乘坐飞机从空中进行了勘察。霍尔的调查也不是局限于大津巴布韦遗址本身，他还对大津巴布韦所在地区的自然环境和人类活动情况进行了踏勘，记录了周边的山、谷、水流、岩石、村庄、牛栏(kraal)乃至动植物方面的情况。就此而言，霍尔尽管不是一个专业的考古学家，但相对之前的本特而言还是比较“专业”的。

霍尔还对大津巴布韦所在地区的居民进行了人类学式的调查和访谈。霍尔发现，当地的卡兰加人不会住在石建里，有的甚至还刻意远离石建，但他们会利用一些石建来做牛栏，或者做冶炼金属的场所。② 霍尔还发现，当地的卡兰加人对大津巴布韦的认知很模糊，对大津巴布韦到底是什么来路这个问题似乎也没有多大的兴趣，而如果一定要问他们相关问题，那么不同人的说法也会有很多的不同，并且有的说法可算是荒诞不经。比如有的人会说那是白皮肤的人建来做监狱的，有的人又会说是自己的祖辈人建的。而当问大津巴布韦里面遗物的情况时，当地人首先会表示自己没有动过拿过，有的人则会说是从天而降的大鸟把东西都叼走了。③ 对于土著的卡兰加人，霍尔称他们与其他黑人似有所不同，卡兰加人肤色较淡，一些体质特征与亚洲人类似，而且卡兰加人似乎要比其他黑人更聪明、更勤奋。其实，关于卡兰加人的这些特殊性，当时有不少白人都认为是因为他们有亚洲人的血统，有些人更是明确指出是犹太人的血统。霍尔认同这一说法，他还专门列出了卡

---

① R. N. Hall, *Great Zimbabwe, Mashonaland, Rhodesia: An Account of Two Year's Examination Work in 1902 - 1904 on Behalf of the Government of Rhodesia*, pp. 3 - 5.

② R. N. Hall, *Great Zimbabwe, Mashonaland, Rhodesia: An Account of Two Year's Examination Work in 1902 - 1904 on Behalf of the Government of Rhodesia*, p. 83.

③ R. N. Hall, *Great Zimbabwe, Mashonaland, Rhodesia: An Account of Two Year's Examination Work in 1902 - 1904 on Behalf of the Government of Rhodesia*, pp. 85 - 86.

兰加人与犹太人在社会文化生活方面的24项相似之处。[①]

霍尔对大津巴布韦各部分建筑的情况进行了比较深入的调查和详细的描述。他首先是对大津巴布韦的建筑特征和基本构造进行了介绍，特别是当时所见的建筑倾塌损毁的情况进行了描述，并分析了造成倾塌损毁的若干因素，包括自然的风雨侵蚀、岩土流蚀、树木杂草造成的损坏等，此外还有长期以来动物和周边居民活动造成的破坏——当时在大津巴布韦内还能找到卡兰加人砌的石墙和筑的茅屋的遗存。值得一提的是，霍尔称在阿拉伯人的记录中有关于东南非地震的记录，时间大概是5世纪，因此大津巴布韦可能还受到过地震的损坏。对自己的这一说法，霍尔没有进行论证，而只是很自然地提出来，从而进一步显示了大津巴布韦的古老和大津巴布韦的建造者是外来人群这两点的毋庸置疑。[②]

在从建筑层面对大津巴布韦进行整体描述后，霍尔又对组成大津巴布韦的三个部分分别进行了详细的介绍。对于“大石围”和山顶建筑部分，霍尔用的是当时通行的称谓分别称“椭圆神庙”（Elliptical Temple）和“卫城”（Acropolis），只有谷地建筑部分即以谷地称之。不过，在霍尔的记录和论述中，“椭圆神庙”和“卫城”才是重点。关于“椭圆神庙”，霍尔援引他人的一些研究，再结合自己的看法，强调大石围在布局上与南阿拉伯古示巴王国的一些建筑相似，而大石围中的锥形塔则显然是用于信仰仪式，它被称作“锥形圣塔”（Sacred Cone），霍尔认为这种塔能在古代东地中海世界、两河流域的很多地方找到原型；关于山顶建筑，霍尔首先认定它是堡垒，并且认为它是外来人进入后为了应对本地人敌对而设的堡垒，而之所以要设防，是因为大津巴布韦的居住者控制着大量的黄金，东南非内陆各地的黄金都在大津巴布韦集散，至于控制或参与黄金集散过程的人，可能是来自地中海世界东部，也可能

---

① R. N. Hall, *Great Zimbabwe, Mashonaland, Rhodesia: An Account of Two Year's Examination Work in 1902 - 1904 on Behalf of the Government of Rhodesia*, pp. 88 - 101.

② R. N. Hall, *Great Zimbabwe, Mashonaland, Rhodesia: An Account of Two Year's Examination Work in 1902 - 1904 on Behalf of the Government of Rhodesia*, p. 141.

是来自南阿拉伯。至于谷地建筑部分，由于不像大石围和山顶建筑那么突出，所以长期以来并不受重视，并且由于地处低洼，草木尤为茂盛，也是难以进入，因此这一片相对而言没有多少人涉足。霍尔在对谷地建筑进行的调查中，主要只是弄清了石建分布的情况。

霍尔将在大津巴布韦中找到的遗物分为九类。第一类是皂石制品，主要包括阳物形物品（*phalli*）、有装饰纹或图案的皂石柱、皂石鸟（在1902年前已发现八件）、皂石碗和皂石碗碎片，此外还有少量的皂石球状物、皂石、皂石锭盘、皂石挂饰物、皂石烟斗等；[①]第二类是黄金制品，主要是少量的金珠、金箔、小金棒、金条或金块、金镯，此外还有与炼金制金相关的坩埚；[②]第三类是铜制品，主要是一些铜包壳、铜丝、铜块、铜镯、铜指环，此外还有与炼铜制铜相关的铜矿石和铜矿渣；[③]第四类是铁制品，包括铁锄、铁凿、铁镐、铁矛头、铁灯台、铁镯、铁钉、铁条、叉状铁制品、铁钳、铁双铃、铁锣，此外还发现了与炼铁有关的土炉。对于一些铁器，在并未进行充分分析和比较的情况下就认定其外部来源，比如称黑人自己说不知道如何制造双尖铁镐、铁灯台来自阿拉伯、铁双铃能在古埃及找到类似物等；[④]第五类是黄铜制品，主要是以铜镯的形式存在；[⑤]第六类是大津巴布韦地域之外的石料遗存；[⑥]第七类是珠子，有象牙珠、骨制

---

① R. N. Hall, *Great Zimbabwe, Mashonaland, Rhodesia: An Account of Two Year's Examination Work in 1902 - 1904 on Behalf of the Government of Rhodesia*, pp. 102 - 111.

② R. N. Hall, *Great Zimbabwe, Mashonaland, Rhodesia: An Account of Two Year's Examination Work in 1902 - 1904 on Behalf of the Government of Rhodesia*, pp. 111 - 115.

③ R. N. Hall, *Great Zimbabwe, Mashonaland, Rhodesia: An Account of Two Year's Examination Work in 1902 - 1904 on Behalf of the Government of Rhodesia*, pp. 115 - 116.

④ R. N. Hall, *Great Zimbabwe, Mashonaland, Rhodesia: An Account of Two Year's Examination Work in 1902 - 1904 on Behalf of the Government of Rhodesia*, pp. 116 - 123.

⑤ R. N. Hall, *Great Zimbabwe, Mashonaland, Rhodesia: An Account of Two Year's Examination Work in 1902 - 1904 on Behalf of the Government of Rhodesia*, pp. 123 - 124.

⑥ R. N. Hall, *Great Zimbabwe, Mashonaland, Rhodesia: An Account of Two Year's Examination Work in 1902 - 1904 on Behalf of the Government of Rhodesia*, pp. 124 - 126.

珠、玻璃珠、瓷珠、玉髓珠、粘土珠等；[①]第八类是陶制的纺棉纱用的锭盘；[②]第九类是玻璃、陶器、瓷器及其碎片，这一类遗物的量非常多，有威尼斯产的，有阿拉伯产的，也有中国产的，霍尔当时很明确地意识到对这些玻璃、陶器和瓷器进行研究很有必要，但由于一时没有相关领域的专业人士，所以研究工作暂时搁置。[③]

对于发现的物品，霍尔主要是进行描述，并未进行过多的分析和比较。然而，在并未进行充分分析和比较的情况下，霍尔就很确定地认定一些物品的外部来源。而在谷地建筑部分的一个石围中，霍尔也确实发现了一些有阿拉伯文的有釉陶器、铁制灯台、铜链、铁勺等物品。霍尔认为，暂不论“椭圆神庙”和“卫城”，至少谷地建筑部分可能曾是一个阿拉伯人的贸易站。阿拉伯商人带着商品从东海岸来到内陆，与当地人贸易，而遗物比较集中的地方可能属于存货地。在存货地发现的遗物中，各种珠子、铁丝制品、铜丝制品等大部分应是外来的，此外还有象牙、疣猪牙、金箔、金镯碎片等。阿拉伯商人似乎就是用珠子、铁丝制品、铜丝制品等来与当地土著贸易，获取黄金、象牙以及野生动物产品等。而从谷地建筑部分发现的遗物的量来看，似乎阿拉伯商人把比较多的东西留了下来，没有带走。霍尔猜测，可能跟当地人王国的政治变动有关，阿拉伯商人应是因为某种原因被迫离去，从而留下了很多货物。[④]

从遗址调查和遗物搜集整理的角度来说，霍尔的一些工作值得肯定，他对遗址及遗址周边地区的踏勘与细节记录、对周边居民的调查和口述资料搜集、对遗物的整理和分类都具有一定的科学性。但是，在后

---

① R. N. Hall, *Great Zimbabwe, Mashonaland, Rhodesia: An Account of Two Year's Examination Work in 1902 - 1904 on Behalf of the Government of Rhodesia*, p. 126.

② R. N. Hall, *Great Zimbabwe, Mashonaland, Rhodesia: An Account of Two Year's Examination Work in 1902 - 1904 on Behalf of the Government of Rhodesia*, p. 127.

③ R. N. Hall, *Great Zimbabwe, Mashonaland, Rhodesia: An Account of Two Year's Examination Work in 1902 - 1904 on Behalf of the Government of Rhodesia*, pp. 127 - 132.

④ R. N. Hall, *Great Zimbabwe, Mashonaland, Rhodesia: An Account of Two Year's Examination Work in 1902 - 1904 on Behalf of the Government of Rhodesia*, pp. 127 - 132.

来的专业的考古学家看来，霍尔的工作仍然有很多不足。罗杰·萨默斯就指出，霍尔本人在不同场合表达他在大津巴布韦废墟内找到了很多东西，但他并没有从一个考古学家的立场来对它们进行保存、整理和研究，除了黄金外，其他的皂石件、铁器、当地陶器、中国瓷器等都以各种方式散落，霍尔还发现了几处茅屋地基遗存，但都被他破坏了。[①] 不过，霍尔的工作仍然是明显地要强于本特。然而，与本特一样的是，霍尔也是一开始就设定了"含米特论"的出发点，他一切的发现都是为了验证这个出发点。而且，霍尔与本特一样，都易于把本该以冷静客观的态度进行科学考察的问题通过想象来解决，都有把本该科学应对的问题浪漫主义化的倾向。

霍尔的《罗得西亚马绍纳兰的大津巴布韦》第二章的题名是"神秘的津巴布韦"，可以说霍尔从一开始就是在把问题的解决往神秘主义而非理性科学的方向上引。在"神秘的津巴布韦"这章中，霍尔大谈《旧约》、闪米特人、希伯来之类。霍尔在开始发掘之前，就已经认定，大津巴布韦的建造者是闪米特人，而大津巴布韦的建造年代即便不是四千年前也至少是三千年前。在霍尔看来，那些长满苔藓的花岗岩就是这种古老的象征。霍尔说，看着那些古老的花岗岩石墙，似乎能听到古代先知的讲道；漫步在"神圣的石围"(Sacred Enclosure)中，似乎能感受到古代东地中海世界和阿拉伯半岛的人们的文明技艺和生产活动的气息；凝视"圣塔"(Sacred Tower)，则会不由自主地想到希伯来、腓尼基、米底世界的那些相似的建筑。[②]

八、 早期其他人的考察与研究

可以说，在毛赫"发现"之后，大津巴布韦成为了各种各样的白人访

---

① Roger Summers, *Ancient Ruins and Vanished Civilizations of Southern Africa*, xviii.

② R. N. Hall, *Great Zimbabwe, Mashonaland, Rhodesia: An Account of Two Year's Examination Work in 1902 - 1904 on Behalf of the Government of Rhodesia*, pp. 132 - 134.

查探索的热门目的地。除了最具影响的本特、霍尔和威洛比的工作外，还有建筑专家弗兰西斯·梅斯(Francis Masey)和贝尔福·道斯林(Balfour Douslin)、罗得西亚博物馆(Rhodesia Museum)的弗雷德里克·菲利普·孟内尔(Frederic Philip Mennell)等也对大津巴布韦进行了一些考察和研究。

梅斯和道斯林分别来自苏格兰和新西兰，都是建筑师，其中道斯林曾担任南罗得西亚公共工程部主任。1909年，梅斯受罗得西亚政府委托、在道斯林的协助下对大津巴布韦的遗址情况进行了调查，并在“大石围”部分进行了一些小规模的发掘，拟通过调查明确进一步的保护措施。考察之初，梅斯即表示调查工作的量很大，也很复杂，需要一段较长的时间才能把问题弄清楚。1911年，梅斯在罗得西亚科学协会(Rhodesia Scientific Association)的一次会议上宣读了自己的报告。

梅斯通过对硬结地面的调查和发掘，认为大石围所在地域的被占用和大石围本身的建设经历了一个较长的时间，体现为逐渐的扩张，具体的可能是先有一些个体的房屋或者建筑，然后把这些个体的房屋或者建筑用石墙围起来，再到逐渐地把整个聚落用一道大墙围起来。梅斯认为，说大石围是“神庙”并不一定对，因为它可能不完全是宗教性的，它更有可能既具宗教性也具世俗政治性——当然这两性又可能是合为一体的。梅斯承认大石围在建筑上呈现出相对较高的水平，其石料的选取、砌石时的平面保持和严丝合缝即便在当世也不是一件容易的事。

鉴于霍尔等人观点在当时的影响力和南部非洲白人群体的倾向，梅斯始终表示不能轻易下结论，但他还是提出了自己从建筑角度得出的看法。在梅斯看来，首先，大津巴布韦的建筑得益于当地及周边的丰富的石料资源，这些资源易于取得，加工起来也没有根本性的技术困难，大津巴布韦的建筑固然体现了较高的水平，但绝不是说高超到黑人无法完成；其次，大津巴布韦的所谓这样那样的建筑模式或者风格，其实可能谈不上模式或者风格，它们更多的应是出于实际的考虑，并没有有些人想象中的那么多的“神秘”色彩。因此，梅斯认为，大津巴布韦代表的应是一种粗糙的非洲文明，而即便是这种粗糙的文明，也仍有部分要归功于外界的影响——尽管外界影响的程度到底如何并不明确。这种说法仍免不了种族主义的意味，但这种说法在当时来看比较容易能被罗得西亚的白人所接受，并且它的内核仍然是用比较科学的方式进一步明确了大津巴布韦的非洲源头。①

1902—1903 年，罗得西亚博物馆（后来的国家博物馆）的弗雷德里克·菲利普·孟内尔对大津巴布韦遗址进行了一些调查和测量，并发布了一份特别报告。孟内尔对当时大津巴布韦遗址的基本情况进行了描述，对当时最具影响的本特等人的研究进行了分析，接着又就大津巴布韦的起源问题提出了自己的见解。孟内尔首先指出，大津巴布韦是出自外来人之手，与采金有关并且延续数百年，古代世界的作者有可能与之相关联的记录，因此大津巴布韦应是建于较古老的时代；至于具体的建造者，孟内尔认为应该是隶属示巴国家的人，他们可能是阿拉伯人，也可能不是。②

此外，还有一位名为亚历山大·威尔默特（Alexander Wilmot）的作者，他曾在南非白人政界活动，但他最为人所知的身份是作家。威尔默特于 1896 年出版了《莫诺莫塔帕》一书，对当时所能知道的莫诺莫塔帕国家的历史进行了演绎。由于当时尚未在大津巴布韦遗址进行真正的专业的考古发掘和研究，同时人们对莫诺莫塔帕国家的历史也知之甚少，一些人就简单地将莫诺莫塔帕与大津巴布韦挂钩。在当时一般认定大津巴布韦与腓尼基人、阿拉伯人之类相关联的背景下，莫诺莫塔帕的历史也被与腓尼基人、阿拉伯人等联系起来。在威尔默特的笔下，莫诺莫塔帕实际上变成了一个历史超过千年的“古国”——《莫诺莫塔帕》一书的副标题为《其遗迹及其从远古时代到本世纪的历史》，至于大津巴布韦，则成了这个“古国”的重要象征。威尔默特把莫诺莫塔帕这个“古国”的历史分成三个阶段，分别对应腓尼基人、阿拉伯人和葡萄牙人。威尔默特写这本书时，塞西尔·罗得斯的罗得西亚才诞生不久。实际上，威尔默特把英国人看做是腓尼基人、阿拉伯人和葡萄牙人的后

① F. E. Masey, *Zimbabwe: An Architect's Notes*, Rhodesia Scientific Association, 1911.
② F. P. Mennell, *The Zimbabwe Ruins*, Argus Printing and Publishing Co., Ltd., 1903.

继者，不管是莫诺莫塔帕还是罗得西亚，外来的种族注定要在非洲这片蛮荒的土地上开拓、进取。① 这本书在当时来看可以说是非常应景，把白人对马绍纳兰的占领和对马塔贝莱兰的征服进行了合理化、美化和升华。虽然如亚历山大·威尔默特这一类的作者并没有多少实际的调查数据积累，也没有什么科学的研究，但这一类作者的著作却颇是吸引一般大众，因此也成为后续关于大津巴布韦的书写的一个重要组成部分。

九、 早期探索的局限

19 世纪末 20 世纪初的南部非洲，在白人心目中，“黑人低劣”是毋庸置疑的事，“野蛮”“落后”才是黑人的标签，一切呈现较高级文明价值的东西都不可能属于黑人。如大津巴布韦这样宏伟的石建体系，显然不可能出自黑人之手——或者说，白人不可能去承认它是出自黑人之手。因此，从一开始，对大津巴布韦就很难有客观的考察和研究。因为结论一开始就设定好了，就是大津巴布韦肯定不是黑人的作品，那么所有探索工作的目标就是要找出到底是除黑人之外的哪一种人。

作为一个没有多少文字记录支撑的遗址，最基本的探索应该是考古探索。然而，早期的那些探索者，大多不是专业的考古研究者，本特和霍尔不是，威洛比也不是。虽然他们也进行了发掘，也进行了遗物的搜集和整理，但他们所有的工作都是非专业的：他们的发掘没有去考虑地层，他们的遗物搜集和整理都没有关注或者没有能力去关注年代信息，他们因为觉得一些物品看起来没有什么价值就没有进行有效的搜集和记录——比如一些瓷器和陶器碎片、看起来与当时绍纳人日常用品无异的遗物，都被随意搅乱弃置。由于不是专业的考古研究者，而是所谓的古物学家或者记者之类，所以他们得出结论的方法更多地是靠想当然乃至想象，所谓的“古代外来人群说”，其实只是一些从建筑模

---

① A. Wilmot, *Monomotapa (Rhodesia): Its Monuments, and its History from the most Ancient Times to the present Century*, originally published in 1896 by T. Fisher Unwin, reprinted 1969 by Negro Universities Press.

式、遗物风格出发的推论，有些推论更是牵强，一意要做的就是解释或附会“含米特论”。

最为重要的是，当时大津巴布韦遗址的地表已经被破坏得很厉害，既有动物的破坏，也有人的破坏，既有黑人的破坏，也有白人的破坏。当时，为了“保护”大津巴布韦遗址，罗得西亚当局也是费了不少心，包括对遗址进行清理、对一些散落的石头进行捡拾放置，对一些倾塌的地方进行整修——尽管都是出于好意，但却极大地扰乱了科学研究所需的原初“现场”。实际上，当时单纯依赖在地表或者浅地层开展工作已经不可靠，必须要去寻找未被触动的内容，否则的话得到的就可能是被扭曲或者被搅乱的结论。

在专业的调查研究者那里，“神秘”并不存在，存在的只有待解决的问题——即便不能解决它也仍然只是问题，而不是什么“神秘”或者“谜”之类。喜欢从“神秘”或者“谜”的角度出发的人，容易去想象，去作猜测大于实证的推理；而关注问题者，则会尽可能地寻求去运用科学的方法和手段去解决，可以有推理，但一定是在实证的基础之上。至于是否“古老”，则并不能从表面来判断，而是要用科技的工具进行测量——这一切都有待于专业的考古研究者的介入。

第三章

围绕大津巴布韦的考古研究

本特和霍尔关于大津巴布韦的著作一度颇受欢迎，这一方面是因为它们迎合了白人的种族主义的统治和心理的需要，另一方面则是因为它们能够通过“神秘”或者“谜”之类的噱头来吸引大众。就种族主义而言，黑人因低劣而无法建造石建是一个并不需要论证就可以确定的问题；就大众来说，“神秘”和“谜”才更有意思，专业性的分辨并不重要，因为对于大众来说，专业科学的研究恰恰是枯燥乏味的。

但是，罗得西亚白人当局仍然知道，要冷静严肃地对待问题，无论来源如何，大津巴布韦总还是一种历史遗产，这对一个年轻的国家来说是至关重要的。固然可以容许本特和霍尔之类的人进行演绎，但还是需要专业的人士来开展研究。于是，以大卫·兰道尔—麦基弗(David Randall-MacIver)、杰特鲁德·卡顿—汤普森(Gertrude Caton-Thompson)、罗杰·萨默斯(Roger Summers)、凯斯·拉德克利夫·罗宾逊(Keith Radcliffe Robinson)等为代表的考古学家陆续登场，通过更全面的调查、更专业的发掘、更科学的测量和分析手段，他们逐渐把大津巴布韦问题带上了一条实证研究的轨道。

一、兰道尔—麦基弗的考古研究

兰道尔—麦基弗是一名英国考古学家。他并非科班出身，他的考古知识和经验主要来自与一位名叫弗林德斯·佩特里(Flinders

Petrie)的专业考古学家合作的实践经历。

1905 年,兰道尔—麦基弗在南非英国协会(The British Association)的支持下在南罗得西亚从事研究,他对包括大津巴布韦遗址、涅科克遗址(Niekerk Ruins)、德罗德罗遗址(Dhlo-Dhlo Ruins)、纳拉塔莱遗址(Nalatale Ruins)、卡哈米遗址(Khami Ruins)等在内的多处遗址进行了调查和研究。在对多个遗址进行调查和研究的基础上,兰道尔—麦基弗得出与当时盛行说法不同的结论。同年,兰道尔—麦基弗在一次白人集会上发表演讲,明确提出了大津巴布韦出自黑人之手的观点,在白人社群中引起轩然大波。

1906 年,兰道尔—麦基弗出版了《中世纪的罗得西亚》一书。在书的前言中,兰道尔—麦基弗表示,围绕大津巴布韦的诸多问题尚未解决,而其原因之一是大家往往只把目光集中在以大津巴布韦为代表的一小部分遗址上,却忽视了在整个地区还有很多其它的遗址。[①] 兰道尔—麦基弗还表示,在未有充分证据之前,一些研究者倾向于通过猜测来演绎能让自己满意或者能为自己服务的结论:古老的石建遗址当然不可能是罗得西亚白人移民的杰作,但显然也不应该归功于黑人,那么最好的办法就是把它们算到古老的东方文明身上。然后,记者和流行文学的作家再加以宣扬,遂让东方主义的观点大行其道。但是,发掘的非专业性、对相关遗物研究甄别不够等缺陷是非常明显的,东方主义的观点并没有有力的支撑。兰道尔—麦基弗认为,阿拉伯半岛和波斯居民真正在索法拉立足已是较晚的时代,而他们所立足的索法拉也并不是特别的繁荣发达。也就是说,不能高估当时东南非存在的东方因素的发展水平。

值得注意的是,为了表明自己是从一个较大的范围来看大津巴布韦,兰道尔—麦基弗并没有直接从大津巴布韦切入,而是以尼扬加(Nyanga,今津巴布韦共和国东部高原地区)的一些石建遗址为出发点展开论述。在兰道尔—麦基弗看来,尼扬加的石建遗址有两大特色,一是有类似水渠的建筑结构,二是有用石头围住的浅坑,前者被认为是作

---

① David Randall-MacIver, *Mediaeval Rhodesia*, Macmillan and Co., Limited, 1906, p. vii.

输水灌溉用，后者则被认为是住屋。兰道尔—麦基弗推测说，尼扬加在过去可能曾是一个农耕发达的地区，那里有较大规模且生活较富裕的人口聚居。在辛勤耕种土地的同时，这些人也要防范劫掠者，因此连他们的住屋都具有一定的设防构造。此外，他们还会在较高的地方建造堡垒，以备在住屋不安全时逃入避难。①

对于大津巴布韦，兰道尔—麦基弗主要是在“椭圆庙宇”部分和谷地建筑部分进行了一些发掘。当时，“椭圆庙宇”所在的地带已经被挖掘过很多次了，兰道尔—麦基弗发现找不到可以进行地层区分的地方。最后，兰道尔—麦基弗在石墙围北角找到了一个点，那是一块略有高凸的硬结地面，兰道尔—麦基弗希望通过对此进行发掘和研究，以与霍尔的发掘和研究进行比较。

经过发掘，兰道尔—麦基弗在表土层、岩石层以下的沙土灰烬层中发现了纺锭盘(spindle-whorls)、铜丝卷以及家用陶器。而霍尔在另一块地方的同一个地层中也发现了类似的陶器，这种陶器与当时所见黑人陶器相似。兰道尔—麦基弗认为，这应该不是巧合，他的发现和霍尔的发现实际上具有一致性。兰道尔—麦基弗认为，“椭圆庙宇”的建造者所运用的工艺风格和掌握的工艺水平与卡兰加人的相似。兰道尔—麦基弗把自己的发现物和霍尔的发现物放在一起进行综合比对分析，推断“椭圆庙宇”的建造时间应不早于 14 世纪或 15 世纪。② 但是，兰道尔—麦基弗也承认，他并不能保证处于较下部的灰烬沙土层所代表的年代一定就是最早的，甚至连它是不是早于上部的地层都无法确定，因为早期的各种人士的胡乱翻拣和挖掘已经造成了地层的扰乱。而且，兰道尔—麦基弗也无法确定自己所发掘的硬结地面的用途，它是一个睡卧的地方呢，还是一个厨房？虽然在非洲的情境下，睡卧的地方可能离厨房很近，但二者的区别仍然是存在的。③

在兰道尔—麦基弗看来，早期各种人士的翻拣和挖掘很可能还破坏了建筑本身的某些特征性部分，因此已很难再重构建筑的原貌。本

① David Randall-MacIver, *Mediaeval Rhodesia*, p. 13.

② David Randall-MacIver, *Mediaeval Rhodesia*, pp. 62 - 64.

③ David Randall-MacIver, *Mediaeval Rhodesia*, p. 64.

特在 1891 年对大津巴布韦的“椭圆庙宇”部分进行了比较完整的描述，这时的描述可能还是比较本真的。但也正是从那时起，一些寻宝者和发掘者往往是抱着某种发现财富或者神秘起源的热望，在“椭圆庙宇”部分出于各自的考虑和目的自由行动，不但把地表的物件一扫而空，而且还对石建墙体进行了很多拆堆挪移。不管怎样，兰道尔—麦基弗和后来者都已经不具备从原点出发的条件。[①]

兰道尔—麦基弗对当时的“椭圆庙宇”部分进行了一些测量和观察，确定了三点：首先，砌墙用的石头经过了挑选；其次，这些挑选过的石头仍在很大程度上只是经过粗糙加工的自然石块；再次，砌石未使用粘合材料，石墙的稳定性主要依靠较宽的基脚和垒砌时的契合度。[②]石墙不同段在基脚宽度、曲直度、垒砌方式方面有一些不一致的地方，有人认为这是有特殊的安排，但兰道尔—麦基弗认为恰恰是没有安排或者安排混乱才导致这种状况。兰道尔—麦基弗提出，石墙在建造的过程中，可能有几拨人在不同的位置同时开工，这首先导致石墙各段的不同，其次导致不同的石墙在对接时出现差错，而为了弥补这种差错就只能做一些临时的曲直安排。而且，石料也不是一次搜集完成的，应是边建石墙边搜集石料，因此石料的使用也显得比较没有条理。[③]

兰道尔—麦基弗通过发掘获得了如下一些物品：金制品（包括少量的小金块、金丝和金珠，其中金珠可能是一种等价交换物）、铜丝、青铜丝、青铜条、青铜镯（表面有镀层）、铁镯、铁制工具、铁制武器、有波斯文铭记的彩陶、玻璃、珠子（一些珠子与 19 世纪末时形制一样，兰道尔—麦基弗还把一些散珠子交给一个卡兰加妇女编了一条项链）、皂石制品（包括两件皂石阳物形雕）、粗糙无装饰的手制陶器、相对较精细且有装饰的轮制陶器、陶纺锭盘、小陶牛俑。[④] 为了更有效地对年代进行推定，兰道尔—麦基弗还提及了一些他人在大津巴布韦遗址以及自己在德罗德罗遗址发现的物品，包括：一块波斯彩陶碎片、两块中国瓷器

---

① David Randall-MacIver, *Mediaeval Rhodesia*, p. 67.

② David Randall-MacIver, *Mediaeval Rhodesia*, pp. 67 - 68.

③ David Randall-MacIver, *Mediaeval Rhodesia*, p. 68.

④ David Randall-MacIver, *Mediaeval Rhodesia*, pp. 78 - 81.

碎片、一小块有冲压饰纹的银制品、一小块中国瓷碗或瓷杯碎片、两块玻璃(可能是阿拉伯玻璃)、七个蚕豆大小的绿玻璃珠和一些小玻璃珠、十五个多种形状的玻璃珠(可能是威尼斯制造)、一个碟子的边部碎片(应该是17世纪的制品)。①

兰道尔—麦基弗根据自己的调查和研究对石建各部和整体进行了一些定性推测。关于"椭圆庙宇",兰道尔—麦基弗认为它其实应是一处设防点,它与以尼扬加部分遗址为代表的石建并没有本质的不同,只是在外形尺寸上更大一些、建筑水平更高一些。② 关于"椭圆庙宇"中的锥形塔,兰道尔—麦基弗认为是为了凸显统治者的威严的建筑。而且,在锥形塔的旁边就有一块高台地,它应是巫师或者国王行仪时的站立台。③ 关于那些顶部有鸟形雕刻的石柱,兰道尔—麦基弗认为鸟应为鹰鹫之类,应是与部落象征关联,而当时在贝林格韦地区(Belingwe)正好有一个部落是以鹰为象征。④ 关于"椭圆庙宇"、谷地建筑部分、山顶建筑部分三者之间的关系,兰道尔—麦基弗认为"椭圆庙宇"是统治者及其主要家族成员住所,谷地废墟是搜集黄金与东海岸阿拉伯人贸易的富有商人的聚集地,山顶卫城既是重要人物举行重要集会或仪式的场所,也可能是危急时的避难所。总体上来说,大津巴布韦所在的地方并非黄金产地,黄金要从相对较远的地方获得,而大津巴布韦可能只是一个集散中心。⑤

在对包括大津巴布韦在内的共七处石建遗址进行调查研究后,兰道尔—麦基弗提出,他所调查研究的七处遗址没有一处在年代上早于14或15世纪,所有能提供年代指引的进口物品都表明石建属于中世纪和中世纪之后。就大津巴布韦建筑本身来说,没有发现东方或者欧洲风格的痕迹,也没有发现任何外部世界的铭文;从建筑工艺来说,大津巴布韦所呈现的是典型的黑人的工艺——无论是风格和水平;从居

① David Randall-MacIver, *Mediaeval Rhodesia*, pp. 81 - 82.
② David Randall-MacIver, *Mediaeval Rhodesia*, p. 69.
③ David Randall-MacIver, *Mediaeval Rhodesia*, pp. 73 - 74.
④ David Randall-MacIver, *Mediaeval Rhodesia*, p. 78.
⑤ David Randall-MacIver, *Mediaeval Rhodesia*, p. 75.

住模式来说，大津巴布韦遗址内的居住模式无疑是黑人的居住模式。[①]

兰道尔—麦基弗带着批判的口吻说，大津巴布韦本身和其内发现的物品其实与当代土著的居住点和使用物品有很多相似相联之处，但却被一些未经专业训练、没有经验的发掘者弄乱搞混。从石建遗址建造使用的年代到 19 世纪末 20 世纪初，一直是本质上同一的土著族群在这片土地上延续。有人只看到石建并由此认为它们不可能来自黑人，但实际上石建内部是有茅屋的，在德罗德罗遗址、纳拉塔莱遗址、大津巴布韦遗址都有硬结地面和相应的石围墙存在的痕迹，这种构造呈现的正是 19 世纪末 20 世纪初的土著的住屋构造，只是没了茅草的部分。兰道尔—麦基弗指出："茅屋是石建的有机组成部分。后来探访者叹为观止的石墙仅仅只是皮肤，茅屋则是肉和骨骼。"[②]

可能还是有人会说，是黑人建造了石建，但他们是在外来族群的支配和指导下建的。对此，兰道尔—麦基弗直接指其为"'含米特论'者最后的狡辩"，但这种狡辩没有任何拿得出手的证据。而且，最早记录石建遗址的葡萄牙人不但未提有什么外来族群支配，而且还一再地讲明黑人的独立并且有力的存在。直到 17 世纪中时，葡萄牙传教士在讲一位莫塔帕国王皈依基督教的事情时，也明确地说他是一个黑人。[③] 兰道尔—麦基弗表示，他能确定石建的建造者是黑人，但具体是哪一个群体的黑人，他说不出。

兰道尔—麦基弗也尝试对大津巴布韦所代表文明的历史进行了一些推测演绎。兰道尔—麦基弗认为，大津巴布韦所代表文明的盛期应在 16 世纪初前后。在此之前，索法拉已逐渐发展成一个繁荣的港口，阿拉伯人在这里收纳内地的黄金，同时向内陆输送来自亚洲乃至欧洲的一些商品。15 世纪末 16 世纪初时，葡萄牙人到来，索法拉一度继续繁荣，但索法拉以南的莫桑比克岛的发展、葡萄牙在赞比西河上的定居点的扩张、莫塔帕国家内部的不稳定等因素导致大津巴布韦逐渐衰落，

---

① David Randall-MacIver, *Mediaeval Rhodesia*, p. 83.

② David Randall-MacIver, *Mediaeval Rhodesia*, p. 84.

③ David Randall-MacIver, *Mediaeval Rhodesia*, p. 85.

尽管大津巴布韦在17世纪时仍然具有一定影响，但已经不是一个重要的中心，而流动迁徙人群的侵略又带来了进一步的冲击，最终大津巴布韦被废弃——但是，一些小的石建居住点在其他地方出现了，以大津巴布韦为代表的石建文明实际上仍在延续并有所扩展，只不过是不再如大津巴布韦那么突出而已。①

二、霍尔对兰道尔—麦基弗的抨击

兰道尔—麦基弗的研究成果公开后，震惊了罗得西亚白人乃至整个南部非洲的白人群体。一时间，白人“群情激愤”，一般人直接地觉得兰道尔—麦基弗的观点荒谬而疯狂，还有一些对相关问题有些钻研的人则展开了争论。

对兰道尔—麦基弗的成果反应最为激烈的应属霍尔。在兰道尔—麦基弗的成果发布之前，霍尔可以说是大津巴布韦研究的“权威”，而兰道尔—麦基弗的成果却一举颠覆了霍尔的观点。并且，兰道尔—麦基弗也实实在在地对霍尔进行了批评，并且还是一种“内行”对“外行”的批评。尽管还是应该承认兰道尔—麦基弗的批评是学术批评，但对霍尔来说，话终归是不好听的，因此，霍尔对兰道尔—麦基弗展开了激烈的反击。

1909年，霍尔出版了《史前罗得西亚》一书，该书声称通过对历史、民族志和考古资料等进行综合分析来探讨包括大津巴布韦在内的石建遗址的起源。

在具体分析霍尔这本书的内容之前，有两点可以说值得玩味。首先，霍尔的书名为《史前罗得西亚》，与兰道尔—麦基弗的《中世纪罗得西亚》针锋相对，两个年代意味着两种结论，古代就是“含米特论”，中世纪则意味着本土发生；其次，霍尔在《史前罗得西亚》一书的正文之前列出了一份长长的订阅者和订阅机构名单，其中不乏当时社会上和学术领域中的“德高望重者”，霍尔列这份名单的意图很明显，就是要表明自

---

① David Randall-MacIver, *Mediaeval Rhodesia*, pp. 85 - 86.

己得到了很多有影响人士和机构的支持，而兰道尔—麦基弗则是孤家寡人，不为罗得西亚白人所喜。[①]

在具体的行文中，霍尔时不时脱开学术争论的范畴，进行一些与严肃的研究无关的抨击。比如，霍尔称，兰道尔—麦基弗作为一个外来者，到罗得西亚不久就抛出一个“耸人听闻”的结论，做结论的姿态也非常武断。而且，兰道尔—麦基弗的结论实际上视南部非洲的相关白人学者如无物。南部非洲白人中不是没有考古学家，不是没有历史学家，为什么大家都认同“含米特论”，然后一个从英国来的兰道尔—麦基弗就说“含米特论”不对呢？那不就是说南部非洲的白人考古学家和历史学家等都是错的吗？霍尔的这种做法可以说是很不地道的，实际上就是要造势，把兰道尔—麦基弗置于整个南部非洲白人群体的对立面。

当然，霍尔也还是会进行学术的分析，毕竟，他仍然自信自己的学术能力。霍尔考察了葡萄牙人等的一些资料，认为土著无论是采金意愿还是采金能力都不强，因此土著不可能采出很多的黄金，而东非沿海在古代的黄金出口量却是很可观的，因此就东南非内陆采金而言，肯定有外来因素介入；此外，就财富来说，黑人更看重牛而非黄金，其中一个表现是黑人相对来说较少用黄金做装饰品；葡萄牙人到来后，在很长一段时间里，在经济和贸易上并无多少建树，采金业在葡萄牙人手上也无可观之处；根据罗得西亚白人当局矿业专家的考察，可以在一些被遗弃的矿坑发现曾使用较高采矿技术和工具的痕迹，而正如前所说，黑人和葡萄牙人在这方面的能力都不突出。综上来说，大津巴布韦所代表的以黄金为基础的繁荣强大应该是古代某群外来人创造的——而这里所谓的古代，霍尔认为应该是在公元 915 年之前。[②]

霍尔罗列了一些相关的口头传说，发现了一些他认为非常重要的线索：16 世纪初时，“摩尔人”跟葡萄牙人提起大津巴布韦，并说它非常古老；土著中没有提到关于石建建造者的口述资料，甚至连石建本身也提得很少。因此，石建应该是在比较早的年代由非土著建造的。[③]

---

① R. N. Hall, *Pre-Historic Rhodesia*, T. Fisher Unwin, 1909.

② R. N. Hall, *Pre-Historic Rhodesia*, pp. 23 - 98.

③ R. N. Hall, *Pre-Historic Rhodesia*, pp. 121 - 158.

霍尔认为兰道尔—麦基弗只是一个考古学家，他所做的研究和结论主要是考古的，而单纯的考古并不能解决大津巴布韦问题；霍尔反对兰道尔—麦基弗的石建建造由简单到复杂、由低级到高级的“自然演进”的假设，因为如果说大津巴布韦是代表了某种文明的高峰，那为何18、19世纪白人所见的黑人是如此野蛮、落后和不堪呢？而且，考古调查也发现，大津巴布韦的石墙有的年代较早，有的年代较晚，其中年代较晚的多为黑人重建，而他们重建的水平可以说非常粗糙，有些完全是胡乱堆砌，远不及年代较早的部分——这似乎是由高级堕落到低级了。霍尔认为，可以很自然地提出一个“含米特论”的假设，那就是黑人各方面的水平一直都比较低下，大津巴布韦代表的高水平只不过是某个特定时段下外来影响的结果。[①]

霍尔批评兰道尔—麦基弗认为尼扬加遗址年代较早、大津巴布韦可能是尼扬加文化的一个进化发展的观点，他从石建形制、石建关联的生产生活、遗物等方面进行对比，强调尚没有证据表明尼扬加和大津巴布韦之间存在有机的联系；霍尔批评兰道尔—麦基弗的以外来贸易商品来定大津巴布韦年代的做法，认为在大津巴布韦发现在年代上属于中世纪的物品并不一定就代表大津巴布韦是中世纪建的；霍尔认为，如果承认大津巴布韦是外来人群建造的，则还要考虑，外来人群不是一来就开始建大津巴布韦，应该是过了一段时间后才开始建，而且建造本身应该也要花一定长的时间。因此，如果从外来人群开始进入算起，则年代还要更早；霍尔批评兰道尔—麦基弗的“石建不过是茅屋的转化”的观点，称黑人的茅屋式样并不固定，在一个相对较长的时间里，没有任何可以被类型化的茅屋，所以说按照茅屋的形制建造石建是不可靠的，因为这其实是在按一个不固定的模型建一个固定的东西。

在对兰道尔—麦基弗进行细致的批评后，霍尔再次重申自己的“含米特论”观点：锥形塔是闪米特世界的相关原型在非洲的体现，它可能是由某个闪米特族群直接建的，也可能是某个非洲族群从闪米特人那里学到后建的；南部非洲除了大津巴布韦锥形塔外，没有其他锥形塔，

---

① R. N. Hall, *Pre-Historic Rhodesia*, pp. 159 - 168.

既没有作为大津巴布韦原型的锥形塔，也没有作为大津巴布韦模仿者的锥形塔；皂石鸟、皂石碗制作精美，黑人不可能制作出来。霍尔再次明确地强调，大津巴布韦的建造是在前伊斯兰时期的阿拉伯半岛居民——示巴人——指导下由黑人劳工完成的，而即便是这些黑人劳工，也部分地有阿拉伯半岛居民的血统。也就是说，霍尔始终强调外来因素的主导性和重要性，即便黑人在其中发挥了一些作用，那也是次要的，并且是在外来因素控制下的。

一方面，应该明确的是，霍尔对兰道尔—麦基弗的抨击带有一定的意气，不够冷静严肃；另一方面，也确实应该承认，兰道尔—麦基弗的研究也有不完善的地方，一些观点也没有经过很好的证明。但是，根本的问题还是在于对大津巴布韦的调查和研究还不够深入，这部分是因为大津巴布韦问题本身很复杂，部分也是因为当时调查研究的条件仍不够完善。可以说，兰道尔—麦基弗是开辟了关于大津巴布韦问题研究的新道路，但要在这条道路上走远走通，还需要进一步的努力探索。

三、 卡顿—汤普森的考古研究

1928 年 10 月，英国协会在罗得斯基金（The Rhodes Trustees）的支持下邀请卡顿—汤普森对包括大津巴布韦在内的罗得西亚境内的石建废墟遗址进行调查和研究。

早前，霍尔批评麦基弗之类的新入者无法真正理解大津巴布韦，而卡顿—汤普森与麦基弗一样，也属于所谓的“新入者”。然而，在专业人士的眼中，考古实际上是一项很“单纯”的工作，只要掌握足够的相关知识和技能，无论在哪里都能开展工作。而相较于兰道尔—麦基弗，卡顿—汤普森的专业水准无疑更高，她不光接受过专业的考古学培训，而且在对大津巴布韦等石建遗址进行考古研究之前就已经因在埃及的考古工作而备受瞩目。

当时，英国协会对卡顿—汤普森提出的要求非常明确：尽快去往南部非洲，做初步的旅行调研；对大津巴布韦石建废墟或者罗得西亚的同类遗址展开调查研究，揭示其特征、年代以及建造者的文化来源；在季节条件允许的情况下，在与罗得西亚考古学家协商并在罗得西亚政府同意后在选定的地点实施发掘；主导监督发掘所得的可移动物品的移交；在 1929 年 7—8 月时向英国协会提交一份完整的报告，并在后续准备出版最终的研究成果。①

卡顿—汤普森对完成相关工作表示了信心，她认为在过去的 20 余年间考古知识和技术都有了大的发展，新一代的考古学家也有了更新和更少偏见的视野。当然，卡顿—汤普森仍然是谨慎的，她当然知道罗得西亚石建废墟考古研究中的种族主义元素的影响，她也意识到作为"东道主"的罗得西亚白人当局和白人公众不可避免地会抱有一些种族主义的倾向。但卡顿—汤普森也很冷静，她表示会严格按英国协会的指示要求来开展工作，她不会受任何已有的关于石建废墟的起源和年代的观点的影响，她不会臆测和随意发挥想象。

卡顿—汤普森表示，调查研究的主要关注点将集中于地层数据的搜集，通过这些地层数据来探讨石建废墟的建造时间、发展高峰和衰落的情况。关于石建建基和持续占用的年代数据是她工作所追求的基本目标，即便只是获得一些近似的数据，因为这样的年代数据对于厘清文化起源问题以及与外部世界关系的问题非常有帮助，甚至可以说是至关重要的。卡顿—汤普森很冷静地认为，要获得这样的年代数据，最基本的就是对废墟基层进行持续而有耐心的发掘，只有这样才能使最后的结论更确切。

卡顿—汤普森并没有被指定对哪一座石建废墟遗址进行研究，但卡顿—汤普森首选对象是大津巴布韦，然后是分布在东部地区的奇沃纳遗址(Chiwona)、马索索遗址(Mashosho)、马滕德雷遗址、胡布乌米遗址(Hubvumi)和位于西南部的德罗德罗遗址。在卡顿—汤普森看来，西南的德罗德罗、中南的大津巴布韦和东面的诸遗址或许可以连成一条线，对这些遗址进行整体的调查和研究有利于进行比较研究，厘清相关关系，进而得出一个整体性的判断。

大津巴布韦的规模和争议性地位决定了它一定会成为卡顿—汤普

① Gertrude Caton-Thompson, *The Zimbabwe Culture*, Clarendon Press, 1931, p. 1.

森的首选，因为如果不对这里进行发掘和研究，那么在任何其他的废墟进行的发掘和研究都会没有说服力。但是，在大津巴布韦进行发掘研究会面临很多实际困难，最根本的就是大津巴布韦石建遗址已遭到很大的破坏和扰动：大石围部分可能已无法进行有效的以测年为主要目的的发掘；山顶建筑部分基座为岩石，能下挖多深很难说；一些石墙来自近代以来的加固维修，这些石墙有的可能要拆除以方便开展工作，但这些墙并不是想拆就能拆的，既要从考古角度考虑，也要看当局的态度；而且，拆哪些，怎么拆，也是现实的问题。

在工作的初始阶段，卡顿—汤普森乘南非联邦国防军的飞机对大津巴布韦进行了一番空中勘察，确定了其地理关联的逻辑：在石建遗址区南面，一条路向西南，通往梅西纳(Messina)产铜区的古代矿山，沿路存在的一些小型石建遗址可能是用于接力运输的驿站之类；一条路往东南，通往萨比河(Sabi River)，这条河一直通往印度洋海岸的索法拉；在石建遗址区北面，是宽广的沙加斯河(Umshagashi River)平原，这里是一片富饶的农牧生产区。[①]

随后，卡顿—汤普森要做的是选一个发掘点或者一块发掘区域，这个发掘点或者发掘区域既要能确保年代较早，又要能提供一块未被扰动且面积足够大而可供发掘工作展开的地方。最终，卡顿—汤普森选定了谷地建筑部分的一块被称作“马翁德废墟”(Maund Ruins)的地方，希望能从这里找到基本的地层年代数据；其次，卡顿—汤普森在山顶建筑部分选了三个点和一个岩栖所进行小规模发掘；再次，在“椭圆庙宇”部分除了在三条狭长地带开沟发掘外，还选了“毛赫废墟”(Mauch Ruins)进行挖掘。卡顿—汤普森希望在以谷地发掘为基础的情况下，尽可能以山地部分和大石围部分为对照，在年代和遗物两方面进行比较关联研究。对于大津巴布韦遗址中最引人注目的锥形塔，卡顿—汤普森很遗憾地表示，她已无法在这里进行发掘研究——这或许是一种遗憾，但也恰恰证明了卡顿—汤普森的专业性，因为从专业角度来说，当前置条件已被破坏时，后面的工作就不能强求，否则就有可能

① Gertrude Caton-Thompson, *The Zimbabwe Culture*, pp. 11 - 13.

得出扭曲的结论。

（一）在马翁德废墟的发现

马翁德废墟占地面积约1700平方米，卡顿—汤普森先在一处有29座椭圆弧状石建的范围内进行了发掘。这些石建的墙体已倾颓，但看得出工艺精良，其建筑方法与大石围部分一致。在马翁德废墟的发掘共甄别出四个考古地层，从上往下依次为腐殖土层、红粘土层（red daga clay）、花岗岩硬结地面层（Granite cement floor，与石墙同年代）、红化山泥层（Reddish hill-wash，包含有遗物）。

在这一区域的发掘中发现的一个引人注目的现象是在底层上方有一些线性延伸的石铺区域，似乎是道路，卡顿—汤普森认为它们应是为了工人运送石料方便而筑的通道，而不同部位的通道似乎也是服务于不同相关部位的建筑。[①] 此外在这一区域的发掘中，卡顿—汤普森发现在有些墙体间的空当处有石土堆，而石土堆附近的硬结地面被破坏，卡顿—汤普森推断有后来者的挖洞取土行为。[②] 为了验证关于连接性道路和墙体中断缺口的推断，卡顿—汤普森又进一步对相关地区进行了发掘，主要是部分石墙体、石墙内空地、进入石墙内范围的入口和连接石墙内范围的通道区域，在这里发现了与29座椭圆弧状石建区域类似的特征，特别是同样也存在连接性道路和有粘土堆积的石墙体中断缺口。从居住模式来说，相应的建筑群有入口、有内部地基、有门槛、有通道，还有带台阶的平台，而综合硬结地面的存在、找不到屋顶等因素，卡顿—汤普森推断石建内部原有茅屋。马翁德废墟一些部分的红土层和硬结地面层之间没有实质性的中间层；当茅屋居民来到时，旧的石墙并没有塌，一些墙体还有被整理修缮过的痕迹，用以支撑茅屋，但总体上来说他们并没有对之前的遗存进行大的翻动。[③]

在马翁德废墟发现的遗物按地层包括：位于第二层的是螺纹锭盘（spindle-whorl）、多种尺寸和形状的铁箭头和铁箭头残片（部分可能为

---

① Gertrude Caton-Thompson, *The Zimbabwe Culture*, pp. 27 – 30.

② Gertrude Caton-Thompson, *The Zimbabwe Culture*, pp. 30 – 32.

③ Gertrude Caton-Thompson, *The Zimbabwe Culture*, pp. 65 – 66.

小铁刀)、铁锄、铜丝环镯和铜丝环镯残片、锤石、石英石片工具以及 2 枚蓝绿色玻璃珠;在第二层以下有三角形铁制工具、多种尺寸的铁箭头和铁箭头残片、多种尺寸和形状的铁矛头(在其中一个点发现了由 6 件铁箭头和 1 件铁矛头组成的“武器组”)、铁斧、铁锄、铜丝环镯、青铜团状物、皂石碗碎片、皂石板、有使用痕迹的自然皂石块、锥形卵石(可能是用作捣杵)、玻璃珠、河卵石、有肋纹的陶片、粘土坩锅(clay scorifier)残片。①

在卡顿—汤普森看来,在第二层发现的陶器、陶器碎片等与当时普通黑人土著所使用的乃是同一类型;铁制武器和工具在形状和制造方法上呈现非洲特征;金属丝镯、缠绕于植物纤维上的弯折金属条似乎也是土著非洲式的。② 有一个问题是,在第二层中有青铜件,由于其为合金,一些人认为土著并不掌握合金制造技术。但是,卡顿—汤普森认为也可以进行一些解释。首先,就原料来看,铜不是问题,锡在德兰士瓦地区就有,在维多利亚堡东面的冲积地中也能找到锡矿,当然也有可能是直接从外部世界获得锡;其次,如果说没有证据表明土著能制造合金,那么那些青铜件就可能是来自外部,如果这样的话,一种可能是贸易换回青铜丝,而弯折缠绕是由土著完成。在大津巴布韦遗址的伦德斯废墟(Renders Ruins)部分的遗物中,就有成卷的青铜丝;还一种可能是换回青铜件,然后当地人又进行了重新冶炼锻造加工。当然,青铜件完全出自土著之手的可能性也仍然存在。③

卡顿—汤普森自信地称,在马翁德废墟进行的发掘是在罗得西亚土地上的第一次获得明确的地层信息的发掘,这是考古研究的本质基础。而过往的种种发掘和研究都是不系统的,且有多种主观性的考虑。卡顿—汤普森认为,就马翁德废墟区域而言,可以甄别出三个阶段,第一阶段是建造者建造和占用阶段,第二阶段是由建造者占用向非建造者占用过渡阶段,第三阶段是非建造者占用阶段。④ 马翁德废墟石建

---

① Gertrude Caton-Thompson, *The Zimbabwe Culture*, pp. 203 - 206.

② Gertrude Caton-Thompson, *The Zimbabwe Culture*, p. 63.

③ Gertrude Caton-Thompson, *The Zimbabwe Culture*, pp. 64 - 65.

④ Gertrude Caton-Thompson, *The Zimbabwe Culture*, p. 53.

存在和演进的历程体现的是一种从较高的水平向较低的水平下滑的趋势，而不是从不成熟向成熟的演变。[①]

（二）在山顶建筑部分的发现

在山顶建筑部分，比较引人注目的是一些石堆平台，卡顿—汤普森认为是祭坛，这些祭坛都有一些类似排流孔的设置，但由于孔很容易被灰土堵塞掩盖，所以很容易被忽略。就平台和排流孔这两个特征来说的话，卡顿—汤普森认为这些"祭坛"是用来进行奠酒或处理牺牲之类的活动的。[②]

在山顶建筑部分发现的遗物包括：多种形状和尺寸的铁箭头（部分可能为小铁刀）、铁矛头、铁斧（亦可能为铁凿）、铁锄、铁环、铁刀残片、三角形铁制工具、铁条、铁丝、铁珠、铜丝环镯和铜丝环镯残片、有铆钉孔的铜板、铜丝（在其中一个点发现成卷铜丝）、金箔残片、金丝（在其中一个点发现带玻璃珠的金丝）、皂石碗碎片、皂石板、磨刀石、阳物状石雕（1 件）、陶碗残片、陶浅杯残片、阳物状陶制品（5 件）和碎片、陶锅残片、长颈陶瓶残片、有肋纹的黑色陶片、小陶碗、有底座陶碗、零散陶片、以及大量玻璃珠（225 枚）。此外，在山顶部分的外围还发现了有加工痕迹的皂石碎片和铁矛头。[③]

在山顶部分获得的遗物中，对编年具有一定价值的主要是一些珠子，其中有 5 枚柠檬黄的珠子与东非海岸的奔巴（Pemba）、坦噶（Tanga）以及南印度的一些遗址发现的黄色珠子相似，而后者的年代为约 8 世纪；此外还有一些玻璃件，与南印度和马来的 8—9 世纪的同类物品相似。[④]

除了这些外来或与外部世界有明确联系的物品能为编年提供一些证据外，很多物品都不具有这方面的功能。对于 处岩栖所的遗物，卡顿—汤普森有这样的表述：我们找到的是一个没有科学价值的遗存，

① Gertrude Caton-Thompson, *The Zimbabwe Culture*, p. 57.
② Gertrude Caton-Thompson, *The Zimbabwe Culture*, p. 76.
③ Gertrude Caton-Thompson, *The Zimbabwe Culture*, pp. 206 - 212.
④ Gertrude Caton-Thompson, *The Zimbabwe Culture*, p. 81.

它只是年代不同的很多物品的杂烩。①

（三）在“大石围”建筑部分的发现

在“大石围”建筑部分获取的遗物分四批：锥形塔下部部分（Under Conical Tower）、开沟挖掘部分（The Ridge Trenches）、毛赫废墟部分（Mauch ruins）、一处茅屋废墟部分（East ruins hut）。具体如下：②

由于锥形塔部分的扰动非常大，所以卡顿—汤普森在锥形塔处开展工作时部分利用了此前麦基弗的发现和道斯林的调查记录。道斯林称，当他和梅斯开展调查工作时，看到了麦基弗挖的那条沟，沟并不深，约三英尺。道斯林和梅斯决定进一步选点发掘，直到硬基岩层，当时他们选取了从表面看起来年代较久的一处小型石围，然后在圆墙的下方开挖，发现石墙地基深至地面以下两英尺，然后在地面以下十英尺的地方就是硬基岩。除了一些跟其他地方找到的陶器没有明显差异的碎陶片外，道斯林和梅斯在发掘过程中并没有发现很多东西。在坑的底部和花岗岩基的上方，并没有发现与当时土著牛栏里不同的东西，无非就是些木炭、碎陶片、灰、骨头之类。卡顿—汤普森称，道斯林的坑可以说是“含米特论”的棺材。但是，卡顿—汤普森还是很小心，她表示，关于年代和起源的证据仍不完善，问题仍然悬着，猜测之声仍未平息，而她又将开始新的一轮挖掘探索。③ 从锥形塔下部获得的遗物主要来自塔基部分翻拣和塔基底部发掘，为了保护锥形塔，卡顿—汤普森采取从塔两边开口掘沟向塔底开挖的方式，为此还使用了采矿机械，在这里获得的遗物主要包括铁条、金珠、石英石片、铜丝环镯残片、陶片、石制手斧（coup-de-poing）、粗石核工具（Rough-core implement）。

开沟挖掘部分所获遗物按地层分列包括：在开沟挖掘部分的腐殖土表层中发现了项链、铁箭头及铁箭头残片、铁矛头、铁斧、铁锄、铁刀、

---

① Gertrude Caton-Thompson, *The Zimbabwe Culture*, p. 82.

② Gertrude Caton-Thompson, *The Zimbabwe Culture*, pp. 212 – 219.

③ Gertrude Caton-Thompson, *The Zimbabwe Culture*, pp. 93 – 94.

铜丝环镯、金丝环镯；在腐殖土表层和红粘土层结合部发现了 7 枚陶制螺纹锭盘；在红粘土层发现了铁箭头、18 枚陶制螺纹锭盘、4 枚皂石制螺纹锭盘、皂石片、彩色玻璃珠；在粘土和花岗岩基上部灰混合层发现了铁战斧和铁刀；在灰粘土层发现了铁箭头及铁箭头残片、粉红石残片、陶盖残片、石制螺纹锭盘、杏仁状陶把手、皂石碎片、螺纹锭盘、铁钉、铜丝和植物纤维交缠环镯残片、铜丝和植物纤维交缠的多重圈环镯残片。

毛赫废墟部分共有 6 个挖掘点，所获遗物按挖掘点和地层分列包括：2 号挖掘点的腐殖土表层有铁器残片，混合粘土层有绿色玻璃珠，含灰灰土层有铁矛头、皂石制件、皂石碗残片，花岗岩上方层有 22 枚彩色玻璃珠和 2 块铁丝残片；3 号挖掘点腐殖土表层有项链、铜丝残片、铁箭头，混合粘土层有铁斧和铁斧残片（也可能是铁凿）、铁锄；4 号挖掘点的废弃物堆积层（midden）有玻璃珠、铜板、铜丝（有一件保存状况非常好）、铁凿（或铁楔）、铁箭头、铜丝镯残片、铁锄，灰色灰层有多件铜丝残片，底部沉积层有 5 枚玻璃珠、铜丝残片、铜钉、铜鞘残片；5 号挖掘点的底部沉积层有 16 枚玻璃珠、铜丝残片、2 件粘土烧锅；东区挖掘点的腐殖土表层有 2 件铜丝环镯残片、若干铁制零碎物件、2 件未穿孔的螺纹锭盘、2 件黑陶残片，在底部花岗岩上土层有 11 枚玻璃珠。

茅屋废墟部分的遗物主要有青釉陶器碎片 1 件、陶盖碎片 2 件、中国青瓷碎片 2 件，其中青瓷被认为应该是土著从葡萄牙商人手中获取的。此外还有其他的一些瓷器，能获得的年代是 16—18 世纪。但一个问题是，并没有发现在此之前的土著与海岸之间存在贸易联系的证据，但按理说在 16 世纪之前的联系应该是有的，因为 16 世纪之前东非海岸的多个城镇早就有了很多的来自中国的瓷器。[①]

（四）卡顿—汤普森的结论

在整个大津巴布韦石建遗址区进行的发掘获得的外来物品主要是：年代为 13 世纪的波斯釉器、年代为 13—15 世纪的中国釉器、无法

① Gertrude Caton-Thompson，*The Zimbabwe Culture*，pp. 67 - 68.

确定年代的近东釉器、年代为13—14世纪的阿拉伯玻璃、多种类型和颜色的珠子。除此之外就是各种陶制品、铁制品和铜制品。卡顿—汤普森认为，没有明确的证据能说明津巴布韦是黄金贸易的中心，更不能推断说这里曾因产金而繁荣，因为大津巴布韦所在地方离金矿脉并不近（最近的维多利亚产金区没有发现多少古代矿冶的遗存），在这里发现的制金遗存和黄金制品也并不多。[①]

从建筑工艺来看，大津巴布韦存在由较高的建筑水平"堕落"到较低的建筑水平的过程，但我们无法找到充分的证据来解释这种"堕落"，是早期建筑者后代的堕落？还是早期建筑者人群被其他人群取代？卡顿—汤普森认为可能要从班图人迁徙的角度入手，首先要搞清楚的是班图人最早是在什么时候进入赞比西河以南这一问题，而这就要求助于人类学和语言学。[②]

基于地层和相关发现物，卡顿—汤普森说了这样一句话：人们可以自下判断，我无需置评。[③] 在卡顿—汤普森看来，在谷地废墟、山顶建筑坡地和椭圆建筑部分的发掘所获得的证据不支持"含米特论"，也不支持"公元前年代论"。[④]

但是，卡顿—汤普森仍不得不遗憾地表示，她仍无法解释一些问题。比如最受人关注的锥形塔的功能问题，卡顿—汤普森觉得可以确认那不是坟墓，但到底是什么她也不能确定，她觉得可能要靠文化人类学的比较研究来探讨。不过，卡顿—汤普森认为发现物中存在的阳物状石器和石柱可能可以提供某些线索，锥形塔从整体上来说，也是呈阳物状。这种生殖崇拜在班图人中是普遍存在的，它似乎是酋长力量或者权威的象征。另一方面，圆柱、圆形塔也确实能在古埃及、西南亚乃至东非海岸等地方找到很多类似的可对比物。但是，卡顿—汤普森仍明确表示她不能认同大津巴布韦及关联石建是土著劳工在更高级的"异族"——阿拉伯人、波斯人或者印度人——或专业人士指导下劳动

---

① Gertrude Caton-Thompson, *The Zimbabwe Culture*, pp. 185 - 191.

② Gertrude Caton-Thompson, *The Zimbabwe Culture*, pp. 191 - 192.

③ Gertrude Caton-Thompson, *The Zimbabwe Culture*, p. 98.

④ Gertrude Caton-Thompson, *The Zimbabwe Culture*, p. 106.

的成果。此外,卡顿—汤普森认为还有两个问题没有找到充分的证据进行解释。首先,那些在毛赫废墟里的岩石上居住点与大石围建筑居住点之间是什么关系?其次,它们是同时代还是不同时代?一个基本的推论是:大石围建筑是中心,是“王家牛栏”(royal kraal),居住的是大酋长或者“圣王”,而毛赫废墟则代表拱卫的外围,居住着臣服者或服务者——如果这一推论成立的话,那么肯定是先中心后外围,而这之间的先后关系就清楚了。①

在卡顿—汤普森看来,从建筑上来说,阿拉伯人、波斯人、印度人的类似建筑与大津巴布韦存在本质性的差异,首先,前者往往多弧拱或弧状设计,后者完全没有这种情况,甚至连支柱结构、梁托都没有,仅在一些狭窄的出入口上方有横梁。如果是阿拉伯人、波斯人或者印度人建造或指导建造大津巴布韦,那他们不会完全脱离他们本土世界的建筑风格。其次,卡顿—汤普森认为大津巴布韦其实多有粗劣之处,它像是一种孩子化、前逻辑化心智的产物,它呈现出很多的不协调、不合理,它更有可能是一种土著对外界建筑的不成熟模仿。土著在与外界贸易的过程中接触到了相关建筑并受到其触动,但他们所接受和理解的仅是外形,并不了解其实质,更无法有效掌握其技术过程,由此展开的石建建造是当地土著在当地原料、当地技术和设备以及当地工人工艺能力条件下的一种模仿。② 在卡顿—汤普森看来,当然要承认外部世界的影响,但认为大津巴布韦是在被外部世界征服和殖民状态下建造的假设则显得过于夸大。③

卡顿—汤普森认为,中部非洲的班图诸族群本来并不建造石建,但在他们到了津巴布韦所在的土地后,为了应对野兽、布须曼人等的危险,他们开始用石头围防自己的牛栏。而他们之所以这么做,直接的原因是在津巴布韦所在的上地上总是容易找到剥落成块的花岗岩石,班图人去捡拾利用这些石头,这并不比收割茅草难很多。④ 同时,卡顿—

① Gertrude Caton-Thompson, *The Zimbabwe Culture*, pp. 118 – 120.

② Gertrude Caton-Thompson, *The Zimbabwe Culture*, pp. 99 – 104.

③ Gertrude Caton-Thompson, *The Zimbabwe Culture*, p. 104.

④ Gertrude Caton-Thompson, *The Zimbabwe Culture*, p. 195.

汤普森也强调，与印度洋世界的贸易是土著大津巴布韦文化发展的主要推动力量。[①]

卡顿—汤普森总结说，考察所有现有的从各个来源获得的证据，没有任何一条证据不支持“班图起源”和“中世纪年代”这两个主张。至于建筑本身，卡顿—汤普森认为：“津巴布韦的建筑明显是一种对原型粗劣理解下的模仿，对我来说它实质上是一种幼稚、前逻辑心智（infantile mind, pre-logical mind）的产物，这种心智程度的人会在一种‘孩童似重复’（childishly repeating the performance）的状态下制造某种东西或做某件事而不会去顾及不和谐、不协调。”[②]

四、 罗宾逊、萨默斯与维提的考古研究

1957 年，南罗得西亚历史文物委员会（Historical Monuments Commission of Southern Rhodesia）决定对大津巴布韦遗址再进行一次比较专业且深入的发掘和调查。委员会安排主席萨默斯和调查总监（Chief Inspector）罗宾逊负责此项工作，并指派掌握建筑专业知识的维提从旁协助。

这三个人中，萨默斯是英国考古学家，受教于伦敦大学，从 1947 年开始在南罗得西亚博物馆任职，在参与 1958 年大津巴布韦考古研究工作之前曾在尼扬加从事过考古发掘；罗宾逊是一名自学成才的英国考古学家，从 1947 年起担任南罗得西亚遗址调查员，在参与 1958 年大津巴布韦考古研究工作之前曾在卡哈米和尼扬加从事过考古发掘；维提是一名建筑师兼考古学家，从 1955 年起担任南罗得西亚历史文物委员会的测量员。

在指定三人负责相关工作后，南罗得西亚历史文物委员会指示要尽可能弄清两个问题：一是根据在山顶建筑西围（Western Enclosure）和其他地方发现的证据，探求津巴布韦的陶器序列；二是厘清“椭圆庙

① Gertrude Caton-Thompson, *The Zimbabwe Culture*, p. 196.
② Gertrude Caton-Thompson, *The Zimbabwe Culture*, p. 103.

宇”部分的建筑演变。

发掘和调查工作在1958年的4月9日—6月2日和9月18日—9月30日展开，发掘主要在山顶建筑部分和大石围部分进行，另外由维提进行了专门的建筑调查分析。

（一）罗宾逊对山顶建筑部分的发掘和研究

罗宾逊主持对山顶建筑的9个点进行了发掘，发掘所获得的发现物包括陶器碎片、陶制牛形俑碎片、陶锅、玻璃珠、铜丝、铁丝、铁矛和铁矛残片、铁箭头、铁锄、石制品碎片、骨制尖状器、碳化物等；除了遗物外，还有代表人类活动的遗存，其中最具代表性的是茅屋硬结地面和茅屋柱入土遗存。通过拣选测量，罗宾逊获得了三个年代数据，分别为公元330±150年、1085±150年、1450±150年。

综合地层、发现物以及年代信息，罗宾逊将山顶建筑的占据使用划分为5个时期：第一个时期在公元300年之前，相关信息较为模糊，没有可证实属于这一时期的石墙遗存，只有部分陶器碎片可以辨认；第二个时期为公元300—1085年，没有可证实属于这一时期的石墙遗存，有茅屋遗存，有陶俑、陶器、珠子、铜制品、铁制品等遗物；第三个时期为1085—1450年，有可证实属于这一时期的石墙遗存，有明晰可见的茅屋遗存，有陶器、珠子、铜制品、铁制品等遗物；第四个时期为1450—1833年，有高水平的石墙建筑遗存，有明晰可见的茅屋遗存，有陶器、珠子、铜制品、铁制品等遗物，还有一件石制品；第五个时期为1833—1900年，有零散的石墙建筑遗存，有茅屋遗存，有陶器、铜制品、铁制品等遗物，还有年代上属于19世纪的欧洲产珠子。

罗宾逊推论认为，与第一个时期对应的是早期抵达南部非洲的班图语人群，如论亲缘关系的话，可能与索托人（Sotho）最近；与第二个时期对应的可能是与卡兰加人有亲缘关系的人群，他们最引人注目的是拥有陶制的俑和从外部输入的珠子；与第三个时期对应的是可能是一群“突然”出现的入侵者，他们拥有较高的组织能力，不但能建造更坚固的茅屋，还能够建造石墙，此外还具有相对较高的手工制造能力，与这些人亲缘关系最为密切的可能是绍纳人；第四个时期可能出现了因与外部欧洲因素接触而产生的混乱和变迁，这一时期有新的物品输入，也有新的技术输入，与这一时期相联系的可能是罗兹韦国家（Rozwi）；第五个时期已是近代，当时山顶建筑所在地区的居民的酋长名为姆加比，他们可能与罗兹韦国家有一定联系，但石建本身与他们无关。①

罗宾逊对发现的陶锅、陶碗、陶俑、碎陶片等进行了专门的分类研究，他具体描述了其制造工艺、形制和风格，并将这些陶制品分成四类（Class 1－4），分别与第二至第五时期对应。②

罗宾逊还对发现的珠子进行了专门的研究。罗宾逊确认大津巴布韦的珠子与豹山（Leopard's Kopje）、马庞古布韦（Mapungubwe）、卡哈米（Khami）等多个石建遗址的珠子存在紧密联系，其中早期的珠子与豹山的相似性和相关度较高，而较晚时期的则与马庞古布韦的相似性和相关度较高。关于珠子从哪里来的问题，可以比较容易地通过珠子本身的材质、形制等进行分析，基本可确认大部分原产自印度；至于珠子是由谁带来，则要复杂一些，最开始应该是阿拉伯人，而后是葡萄牙人，再然后是19世纪的多国别的欧洲人。单纯就珠子而言，从总体来看，大津巴布韦、豹山、马庞古布韦、卡哈米等石建遗址之间显然存在联系，它们可能是共同构成了某种网络，也可能是均属于某个网络的一个组成部分，而不管是哪一种或哪一个网络，它都应是与对外贸易相关。③

（二）萨默斯和维提对大石围的研究

萨默斯在大石围进行了发掘。萨默斯主持的发掘主要分三部分：

---

① K. R. Robinson, Excavations on the Acropolis Hill, in *Occasional Papers of the National Museums of Southern Rhodesia: Zimbabwe Excavations 1958*, Number 23A, December 1961, pp. 159－192.

② K. R. Robinson, Zimbabwe Pottery, in *Occasional Papers of the National Museums of Southern Rhodesia: Zimbabwe Excavations 1958*, Number 23A, December 1961, pp. 193－226.

③ K. R. Robinson, Zimbabwe Beads, in *Occasional Papers of the National Museums of Southern Rhodesia: Zimbabwe Excavations 1958*, Number 23A, December 1961, pp. 227－235.

第一部分是按互相垂直的两条轴展开，对 35 个点进行开挖，力求关联大部分主要的墙体；第二部分是针对大石围内的 1 号小石围，对 8 个点进行开挖；第三部分是针对大石围内的一道长墙，在邻墙的 4 个点进行开挖。萨默斯发掘研究工作的最大成果是初步推理出大石围相关组成部分建造的年代序列，大致是先有早期未有明确规划的石墙，然后出现一道长墙，再然后出现多个小石围，其后又有多道内墙、锥形塔和近世所见的大石围外墙。①

萨默斯的调查研究结果似乎表明，近世所见的规模较大的大石围并非一开始就有明晰的规划，它是慢慢地形成的，而这个慢慢形成的过程更像是拼拼凑凑修修补补而非有条有理按部就班。

在罗宾逊和萨默斯这两位考古学家之外，维提以建筑工程专家的身份对大津巴布韦进行了调查和分析。维提将大津巴布韦的石墙分成七类：P 类，不分层，整齐度一般的石墙；PQ 类，P 类和 Q 类之间的过渡形式；Q 类，整齐、分层、建筑水准较高的石墙；R 类，粗糙、不分层、建筑水准极差的石墙；S 类，小规模零散存在、难以被归类的石墙；W 类，近世重修的石墙；Z 类，塌毁的石墙。在这 7 类石墙中，占主体地位的是 P、Q、R 三类，其中 P 类主要出现在山顶建筑部分以及大石围和谷地建筑的附着于岩石的部分，Q 类主要出现在大石围部分以及部分谷地建筑上，R 类主要出现在边缘地带。而需要指出的是，这些类的石墙并非都是各自独立存在，而是存在不同情况的多类混合。

维提从建筑结构出发对石墙的功能进行了推理。考虑大津巴布韦本身的面积、布局和结构，首先可以肯定石墙不是用来支撑屋顶。按照维提的说法，石墙的功能可能有三种情况：第一种情况是防止土结构沉陷或滑塌，第二种情况是用于茅屋或土结构区域的闭合或隔离，第三种情况是用于相对较大面积区域的闭合或隔离。

维提从岩石地理地质出发对大津巴布韦所用石料的采集进行了推理。首先，大津巴布韦所在地区岩石资源丰富；其次，在特殊的岩石地

① Roger Summers, Excavations in the Great Enclosure, in *Occasional Papers of the National Museums of Southern Rhodesia*: *Zimbabwe Excavations 1958*, Number 23A, December 1961, pp. 236 - 288.

理和地质条件下，大津巴布韦所在地区的岩石不断地发生表层剥离和断裂，较易形成较均匀的板状或块状石头，部分不经加工即可使用，部分略经加工即可使用。因此，大津巴布韦建筑石料的采集和加工均不是大问题。而且，一些地带的岩石可提供自然的建筑依托，只要利用得当，亦可省材省力。

维提认为，从 P 类石墙到 Q 类石墙是一个扩展的过程，表现为从多岩石的地势较高地带扩展到多土的平地；同时这也是一个渐进发展的过程，表现为石墙建筑水平由低级到高级。维提推测认为，这两个过程可能意味着相应人群经济或者社会活动的变化，可能是从较早时期的以采矿—贸易为主转变为后来的以牧牛和农业种植为主，而在 Q 类石墙之后的建筑水平较差的石墙可能是与牛栏、边缘地区的临时性或季节性居住有关。[①]

综合考古发现和对建筑本身的研究，萨默斯和维提共同描绘了大石围的产生和发展进程。他们将大石围的产生和发展划分为七个时期：

第一个时期的遗存可能只有一个坑，但这个坑是何时开挖、为何目的开挖都不清楚；

第二个时期开始出现硬结土结构物和少量存在的石墙，硬结土结构物可能是自然形成的，也可能是农业活动的结果，而少量存在的石墙似乎只是之前的硬结土结构物的变态延续；

第三个时期为 15 世纪中期，这一时期出现了规模较大的石墙，保留至后世的大石围内最长的 6 号墙(Wall 6)开始出现；

第四个时期为 15—16 世纪，这一时期出现了一个小规模的石围(Enclosure I)，6 号墙则发生了一些变动和延伸。这一时期形成了一个新的石围(Enclosure 15)，该石围有屏墙，石基厚实，颇为突出；

第五个时期开始出现新的石墙，还形成了两个新的石围，其中一个石围因被探宝者破坏严重而难以展开资料搜集和研究，但其中部有一

---

① Anthony Whitty, Architectural Style at Zimbabwe, in *Occasional Papers of the National Museums of Southern Rhodesia*: *Zimbabwe Excavations 1958*, Number 23A, December 1961, pp. 289 - 305.

个规模较大的茅屋遗存；

第六个时期开始出现更多的石墙，它们呈放射状展开，开始出现一些活动或工作平台，其中有一些似乎具备设防工事的性质，此外还有金、铁冶炼的遗存。这一时期，锥形塔出现了，大石围的最外层围墙也最终形成，但同时，又有一些较早时期的石墙消失或者被毁坏；

第七个时期是最后被占用的时期，由此大石围逐渐荒废，开始成为牛的牧场。①

五、21世纪初的考古研究

由麦基弗奠基，经卡顿—汤普森夯实，再由罗宾逊、萨默斯、维提等人添砖加瓦，非洲起源的"大津巴布韦"终于构建出来。尽管一些细节问题仍悬而未决，但"班图起源"和"中世纪年代"这两点已逐渐成为共识。

但是，仍不能忽视的是，由于遗址本身的状态和种种非学术的因素，专业考古研究者的工作仍然多有缺憾。最根本的，考古结论的一个基础是地层和在相应地层发现的遗物，但这并没有充分考虑可能出现的地层扰乱和相关联的遗物的污染，以当时大津巴布韦遗址的状况来看，实际上已无法完全确定地层到底有没有被扰乱、遗物到底有没有被污染。

不过，在大津巴布韦考古热的推动之下，津巴布韦乃至整个南部非洲内陆的其他遗址也开始得到越来越多的关注，如卡哈米石建遗址就由罗宾逊主导进行了比较完善的考古研究，而豹山石建遗址则由托马斯·胡夫曼(Thomas Norman Huffman)进行了比较完善的研究，还有多位学者对尼扬加的石建遗址持续地进行研究，这些研究都进一步充实了关于大津巴布韦的研究；此外，一些关注具体对象如建筑风格与方法、珠子、皂石鸟、陶器、金属制品的研究也在不断进行中，有的会对整体的研究形成补充，有的则会对一些之前的研究成果构成否定。

---

① Roger Summers and Anthony Whitty, The Development of the Great Enclosure, in *Occasional Papers of the National Museums of Southern Rhodesia: Zimbabwe Excavations 1958*, Number 23A, December 1961, pp. 306 – 325.

进入 21 世纪后，围绕大津巴布韦的考古研究开始进入一个新的阶段，一些考古研究者开始在新技术、新方法等的支撑下对涉及大津巴布韦的一些具体问题展开研究，进而对旧有的一些数据和观点进行了修正。

在这方面，沙德雷克·奇里库雷（Shadreck Chirikure）是一位代表者。

奇里库雷在伦敦大学考古研究所获得器物研究专业的硕士学位和考古学的博士学位，后任职于南非开普敦大学，主要关注南部非洲前殖民时代的与金属生产相关的技术和社会文化方面的问题。奇里库雷在开普敦大学的考古遗物实验室（Archaeological Materials Laboratory）主持工作，这是非洲高校少有的一所能对高温工业进行技术分析和研究的实验室，具体分析和研究的对象主要包括冶金矿渣、金属制品、陶器、瓷器和玻璃珠等。实验室主要关注矿业和冶金发展在南部非洲早期国家形成过程中的角色，撒哈拉以南非洲在过去 2000 年间高温制造业的发展历程以及技术、社会、人口等之间的关系等问题。①

奇里库雷与众多合作者一道，以考古学研究为基础，结合一些新的技术手段，同时综合利用人类学、历史学、生态学、统计学等方面的资料和方法，就与大津巴布韦相关的多个问题进行了具有开创性乃至颠覆性的研究。他们的主要成果有三：一是将大津巴布韦存续并被占用的时间从 1450 年向后拉长到 17 世纪末乃至 18 世纪；二是提出大津巴布韦与其他石建特别是马庞古布韦和卡哈米的关系颇为复杂，并非齐整的时间上前后相继和单纯的关系上的“父子继承”；三是对一些具体的问题如器物、人口、人群关系等进行了探讨。

在《大津巴布韦的金属和合金产品的生产、分配与使用》一文中，弗雷曼·班达马（Foreman Bandama）与奇里库雷等人对大津巴布韦的金属产品制造和使用的问题进行了论述。通过对档案材料、编年数据、田野调查和实验室测定结果等进行综合分析，作者们认为，大津巴布韦的

---

① 见开普敦大学考古系网页关于奇里库雷的介绍：www. archaeology. uct. ac. za/age/faculty-and-staff/shadreck-chirikure。

居民能冶炼和打造金属和合金制品，相关制程的遗存和制成品遗物在大津巴布韦遗址内及周边广泛分布。这些遗存和遗物在类型和质量上呈现一致性或相关性，可能表明金属或合金的冶炼制造有统一的点和集散机制。而除了用于自身的消费和使用外，大津巴布韦生产制造的金属或合金产品可能还被投入到内陆和海岸的贸易中。①

在《利用档案资料、卫星图像和地理信息系统重绘大津巴布韦地图》一文中，奇里库雷等人指出，大津巴布韦作为津巴布韦共和国乃至整个南部非洲的重要考古遗址，却一直处在考古研究薄弱的窘境，这部分地是因为早期发现和探究造成的混乱，部分地则是因为20世纪前的考古研究受限于物质手段而有未尽之处。早期的不足造成的一个后果是，大津巴布韦的一些崎岖地段的遗存没有得到有效的重视和研究，一些关键点的部分居住遗存被忽略。鉴于此，奇里库雷等人以多种数据与更富科学指导性的实地踏勘为依据，对大津巴布韦所涉的空间、时间和物质文化分布等问题进行了分析，初步探讨了大津巴布韦居民的居住、人口增减与流动以及人群间关系的问题。以此为基础，奇里库雷等人提出应更新或重绘大津巴布韦地图，重新审视大津巴布韦的人口模式和阶级关系。②

在《1000—1800年大津巴布韦的人口》一文中，奇里库雷等人将考古学、人类学、历史学、生态学的证据与统计学模型相结合，对大津巴布韦的人口数量进行了推算。在此之前，有考古学家推算大津巴布韦在其高峰时期可能承载着20000的人口，这些人口集中地方的面积约为2.9平方公里，如此的话，则每平方公里的人口约为6897人；即便是把大津巴布韦毗连周边地区包括进来，形成一片720公顷的土地，这种条件下的人口密度仍达到每平方公里2778人。奇里库雷等人指出，这种人口密度已经可以与21世纪世界范围内的一些人口密集地方的人口

① F. Bandama, A. J. Moffett, T. P. Thondhlana and S. Chirikure, The Production, Distribution and Consumption of Metals and Alloys at Great Zimbabwe, *Archaeometry*, 11 May, 2016, https://doi/abs/10.1111/arcm.12248.

② Shadreck Chirikure, Foreman Bandama, Kundishora Chipunza, Godfrey Mahachi, Edward Matenga, Paul Mupira and Webber Ndoro, *Journal of Archaeological Method and Theory*, Vol. 24, Issue 2, June 2017, https://doi.org/10.1007/s10816-016-9275-1.

密度相比拟了，而津巴布韦自罗得西亚有比较可靠的人口统计数据以来，也没有什么地方可以达到这种人口密度。因此，奇里库雷等人认为20000人这一数据应是有问题的。奇里库雷等人首先从人类学的角度进行论证，他们对绍纳人的茅屋容量、绍纳人的家庭住房占地面积等进行了统计分析，发现从土地容纳茅屋量的层面来说，大津巴布韦不可能支撑20000人的居住；其次是考古方面的论证，在大津巴布韦遗址及其毗连区一没有发现成规模的墓地，二没有在大津巴布韦核心区之外发现密集遗存，三没有找到占地面积大且深厚的废弃物堆积遗存，这都表明大津巴布韦所在地方的人口应是在一个低位；再次，通过对大津巴布韦所在地区及其所在的马斯温戈省的人口数量变化进行分析和模拟，奇里库雷等人推出1600年大津巴布韦及其周边毗连区域的人口数量应是在11500—13750之间，也是无法达到20000人。此外，奇里库雷等人指出，当人口达到一定大的数量时，就会对生态造成影响，而在一段较长的时间内，还可能带来比较明显的环境破坏，其中人类生产生活垃圾带来的破坏会最为显著。而且，在没有相应排水和一定的垃圾处理措施的情况下，人口的长时间密集还可能会带来疾疫，而大津巴布韦并没有发现与排水和垃圾处理相关的基础设施的遗存。最终，奇里库雷等人的结论是，大津巴布韦核心地区在最高峰时期的人口应该不会超过10000人。①

在《大津巴布韦的精英与平民：考古学和人类学视野下的社会权力》一文中，奇里库雷等人从阶级和不平等的视角对大津巴布韦所代表实体的社会关系进行了探讨。奇里库雷等人所依靠的证据主要来自对大津巴布韦遗址遗物进行的分析，这些遗物包括早期考古在石墙范围内发掘获得的黄金装饰品、皂石鸟、皂石碗、铁铃、冶炼坩埚、锭模以及20世纪70年代后在一些外围区域和特定的点发掘获得的本地陶器、金制品和青铜制品，此外还有2014—2017年间由奇里库雷主持的在大津巴布韦遗址景点停车场地带（Carpark Midden）、入口茅屋地带（Barrier Hut）、消防警卫所地带（Fireguard Midden）以及大津巴布韦

① Shadreck Chirikure, Thomas Moultrie, Foreman Bandama, Collett Dandara & Munyaradzi Manyanga, What was the Population of Great Zimbabwe (CE 1000 - 1800)? *PLoS ONE* 12(6), 2017, https://doi.org/10.1371/journal.pone.0178335.

遗址东缘的姆杰杰杰(Mujejeje)发掘获得的遗物。奇里库雷主持的发掘获得的遗物主要包括动物骨骼遗存、本土陶器、玻璃珠、金珠、坩埚碎片(部分附有炼金残迹)、青铜有装饰物件和鸵鸟蛋壳珠子等多种遗物,对一些样本进行的测量获得了多个年代数据,总体均是在15世纪至17世纪中之间。

基于新的发现,奇里库雷等人对按空间不同和物品差异探讨社会关系的模式提出了质疑。过往对大津巴布韦所代表实体的社会关系研究主要从空间上的"中心"与"外围"和物品上的"贵"与"贱"这两个层次出发,认为石墙区域是中心,以黄金、铁制品特别是铁制武器、铜制品特别是铜装饰品以及进口珠子和瓷器为代表的物品属于"贵"的一类,主要与精英阶层相联系;石墙区域边缘和之外则属于"外围",贵重物品较少或没有,主要与平民相联系。但奇里库雷等人主持的发掘表明,在所谓的"外围",同样也有进口玻璃珠、矿渣、冶炼坩埚、金珠、青铜装饰品、铁制武器等。此外,在山顶建筑部分发现了年齿较小的牛的遗骨,这曾被认为是"贵人"才能吃嫩肉的一个证据,但奇里库雷主持的在"外围"的发掘同样也获得了年齿较小的牛的遗骨。因此,以物品在空间的分布来区分精英和平民的做法是存在问题的。

对此,奇里库雷等人提出,首先应考虑流动居住、多点居住或者定期行走于两个或多个居住点之间等诸种模式的可能性;其次要考虑某些人或者某些群体的政治和社会地位在一段较长时间内发生消长变迁的可能,即某些人或者某些群体的地位可能并不是一直都很高或者一直都很低;再次,应考虑所谓的"外围"的景象呈现的可能是大津巴布韦所代表实体的发展的一个晚期阶段,在这个晚期阶段,"精英"和"平民"之间的差距可能越来越小。总的来说,似乎可以推测的是,大津巴布韦所代表实体内部的阶级关系可能并没有特别森严的壁垒,并且它应该不是固化的,而是可流动的。[1]

---

① Shadreck Chirikure, Robert Nyamushosho, Foreman Bandama and Collet Dandara, Elites and commoners at Great Zimbabwe: Archaeological and Ethnographic Insights on Social Power, *Antiquity*, Vol. 92, Issue 364, August 2018, pp. 1056 - 1075, https://doi.org/10.15184/aqy.2018.137.

第四章

围绕大津巴布韦的历史构建

1958年后，大津巴布韦遗址主体范围内的部分特别是大石围部分再未经历大规模的发掘。这一方面是因为难以找到可以挖掘的点，另一方面也是因为基本的问题似已经解决，而在相当长一段时间里，由于物质条件特别是技术手段的限制，很多细节的问题可能难以指望单纯的考古来解决。而且，大津巴布韦已逐渐发展成为一个非常重要的人文旅游景点，从遗址保护和景点运营的角度来说，在里面“大动干戈”已不合适。在这种情况下，在已有的考古发现和其他研究成果的基础上对大津巴布韦所承载的历史进行构建就成了新的主要任务。

早期围绕大津巴布韦展开历史构建的学者中，大部分都有考古学教育背景并有在南部非洲从事考古发掘研究的实践经历，他们仍然坚持尽可能地立足考古研究成果来进行谨慎的阐释。1980年津巴布韦共和国诞生后，一些学者开始不同程度地添加带有一定演绎性的内容，他们力求使相关历史更加齐整，更加充实，但却引发了更多的争议。

一、 萨默斯对大津巴布韦历史的构建

萨默斯关于大津巴布韦历史的构建主要体现在他的两部著作上，一部是强调把基本问题搞清楚，强调普及性；另一本是强调把大津巴布韦置于广大的视野下进行观察，进行比较的研究。

（一）《津巴布韦：罗得西亚的一处神秘存在》

1963年，萨默斯出版了《津巴布韦：罗得西亚的一处神秘存在》一书。萨默斯在书中对大津巴布韦的“发现”、大津巴布韦遗址的神秘模糊以及考古学家、建筑工程专家、文化人类学家对大津巴布韦展开研究的情况进行了概述。[①] 萨默斯试图为非专业的普通读者提供一些关于大津巴布韦遗址的解释，但这种解释仍是基于专业的研究，它包含了考古学、历史学、人类学等多个学科的资料和方法。[②]

萨默斯认为，大部分人都对神秘的存在抱有特别的兴趣，他们乐于为一些内涵模糊或者被隐藏的事物而感到迷惑，而大津巴布韦正是这样一种神秘的存在，其神秘性或者说让人迷惑之处在于：为什么在一片茅屋遍布的土地上会有如此大规模的石建？为什么要花那么大的力气和耐心建这种看不出用途何在的石建？为什么当地的土著都不知道这处石建的来龙去脉？为什么如此多的人喜欢把这处石建与所罗门、示巴女王等之类的意象相联系？面对这些问题，不同的人以不同的行动来进行回应，有的人进行细致的发掘研究，有的人使用神秘的知识和难以证明是否有效的技术，有的人从人类学和建筑学的角度来进行比较，有的人则把黑人的传说揉进自己的研究和思考。而在这些人中，有的是真心地要去揭示真相——即便其研究显得荒诞，有的则是故意混淆视听——即便其研究看起来颇有逻辑和理据。因此，个人化的倾向和好恶会很容易影响对大津巴布韦进行的研究，人们还是应该关注尽可能科学的考古研究，但同时也不能忽视一些非专业人士掌握的资料和提出的线索。[③]

萨默斯强调，考古研究是解除大津巴布韦神秘性的关键，尽管考古工作面临很多困难，但工作一点一点地开展，就像拼图一样，一块接一块的空白被填补，一块接一块被填补的部分逐渐地连接起来，最终应能

---

① Roger Summers, *Zimbabwe: A Rhodesian Mystery*, Thomas Nelson and Sons Ltd., 1963, pp. 6 - 76.

② Roger Summers, *Zimbabwe: A Rhodesian Mystery*, v-vi.

③ Roger Summers, *Zimbabwe: A Rhodesian Mystery*, pp. 3 - 5.

解决围绕大津巴布韦的诸多问题。除了考古研究外，萨默斯认为口述资料搜集和利用、经济研究、气候研究也很重要。①

综合当时能得到的资料，萨默斯总结认为，应承认大津巴布韦是本土内生的一个产物，它本身可能是与宗教活动关联，但同时它也是统治者驻地和世俗活动的中心，它应该与莫诺莫塔帕国家存在联系，甚至有可能在某个时期是莫诺莫塔帕国家的首都。萨默斯认为，最终使大津巴布韦被毁弃的应该是在南方战争中败于恰卡之手的兹万根达巴(Zwangendaba)带领的恩古尼人流动武装。②

（二）《南部非洲的古代遗址与消失的文明》：基本情况

1971 年，萨默斯又出版了《南部非洲的古代遗址与消失的文明》一书。③ 这本书不仅仅是关注大津巴布韦，还关注南部非洲范围内的其他遗址，它对马滕得雷石建遗址、卡哈米石建遗址、德罗德罗石建遗址、纳拉塔莱石建遗址以及尼扬加的尼扬戈韦堡(Nyangwe Fort)、查沃梅拉(Chawomera)、范涅科克等石建遗址进行了比较详细的描述，并对周边国家南非、博茨瓦纳、莫桑比克等国的石建遗址进行了一些介绍。萨默斯力求把大津巴布韦放在了一个更广大的视野下进行考察，同时也力求对整个的南部非洲的石建文明作一些概括和总结。

按照萨默斯所做的截至 1968 年的统计，南部非洲大大小小的石建遗址或遗存多达 18000 处，它们分布于从莫桑比克到博茨瓦纳，从罗得西亚到南非、莱索托的广大地区。在罗得西亚，从本特和霍尔开始，有很多人关注和研究石建遗址；在博茨瓦纳、南非，也有关注和研究石建遗址的人。④

萨默斯综合自身以及其他多人的研究，并结合一些测年获得的数据，将南部非洲的石建遗址分成 9 个类型，并列出各个类型的代表型遗

① Roger Summers, *Zimbabwe: A Rhodesian Mystery*, pp. 98 - 107.

② Roger Summers, *Zimbabwe: A Rhodesian Mystery*, pp. 107 - 108.

③ Roger Summers, *Ancient Ruins and Vanished Civilizations of Southern Africa*, T. V. Bulpin, 1971.

④ Roger Summers, *Ancient Ruins and Vanished Civilizations of Southern Africa*, pp. 61 - 62.

址和大致年代：[①]

1. 粗糙梯田型石建(Rough Terraces)，主要由粗糙的石头堆积而成，典型为范涅科克石建遗址(Van Niekerk Ruins)的哈姆巴山(Mount Hamba)部分，一般依山而建，大致年代区间为公元100—1150年；

2. 带有茅屋的简单梯田型石建(Simple Terraces & Huts)，典型为豹山石建遗址(Leopard's Kopje Ruins)，一般建在低矮山丘上，大致年代区间为公元650—1300年；

3. 简单平台型石建(Simple Platforms)，典型为马庞古布韦(Mapungubwe)，一般建在高差不明显的小山丘上，大致年代区间为公元1100—1450年；

4. 石围综合体(Complex Enclosures)，典型为大津巴布韦的山顶建筑部分，一般建在大块岩石堆积的地带，大致年代区间为公元1050—1700年；

5. Q型石围综合体(Complex Enclosures, Q-style)，典型为大津巴布韦的马翁德废墟部分，一般建在小丘上，大致年代区间为公元1300—1600年；

6. 平台综合体(Platform Complexes)，典型为德罗德罗石建遗址，一般建在小山丘上，大致年代区间为公元1350—1825年；

7. 简单石围(Simple Enclosures)，在罗得西亚的马塔贝莱兰以及南非的文达兰和德兰士瓦分布较多，一般位于较低的山上，常常选择靠近水源的地方，大致年代区间为公元1300年—19世纪。

8. 梯田型综合体(Terrace Complexes)，典型为尼扬格韦堡和范涅科克石建遗址，一般在山脚，均靠近水源，大致年代区间为公元1300年—19世纪末。

9. 设防石围(Fortified Enclosures)，典型为范涅科克石建遗址，常常位于山顶之类的易设防处，大致年代区间为公元1550年—19世纪末。

---

① Roger Summers, *Ancient Ruins and Vanished Civilizations of Southern Africa*, pp. 63–108.

南部非洲的石建遗址具有多样性，对这些遗址进行关注和研究的人也具有多样性。就此，萨默斯专门整理了一个与南部非洲石建遗址的“发现”、调查、研究、著述相关的人群的名单。这个名单共包含 50 人，其中 6 人为女性，44 人为男性；27 人出生于英国，15 人出生于南非，4 人出生于德国，2 人出生于美国，1 人出生于新西兰，1 人出生于瑞士；18 人被称作考古学家，其中 9 人受过高等学校专业考古教育，其它不是考古学家者的职业可谓多种多样，有古物学家、记者、殖民官员、建筑专业人士、采矿专业人士、市政工程师、测绘工程师等，甚至还有热爱探索的农场主、医生之类。① 可以说，光从这个名单就可以看出南部非洲石建遗址和大津巴布韦问题研究的复杂性了。

（三）《南部非洲的古代遗址与消失的文明》：诸问题的解释

在对石建本身进行描述和分类等归纳工作后，接下来的工作就是要进行分析和演绎，而基本的问题是：石建是怎么建的？建了干什么用？为什么后来都成了废墟？为什么后来人们不再建石建了？是谁建的？萨默斯认为，东南非石建遗址数量众多、形式多样，尚无法针对每一处石建遗址去问这几个问题——或许也没有必要。其实，在论及这几个问题时，研究者和感兴趣的公众往往会把注意力投向大津巴布韦。但实际上，这几个问题放在大津巴布韦上是最难回答的。

在萨默斯看来，在 19 世纪的现实里，大津巴布韦呈现的设计和建造水平明显地超出当时当地居民所拥有的能力。其中有一些设计和建造细节，从当时来看，既无法为当地居民所理解，也无法由当地居民来实施。这些细节包括：挖筑基等深沟，可能要用到一些确保水平等深的装置；在等深沟内先铺一层基础材料；精选或精心加工石料，使之在同一层面内等厚；保证砌石同层水平；保证整体石墙立面水平，可能要用到铅垂装置；设计和采用不同形式的砌石模式。要完成上述细节所代表的工作，建造者应该会需要一些工具和机械装置，如果单靠人力的

---

① Roger Summers, *Ancient Ruins and Vanished Civilizations of Southern Africa*, pp. 227 - 235.

话，有些工作的完成是很难想象的，比如像锥形塔那样以较小面积的底部支撑较高的塔身，比如像大石围那样在较长区间、较大范围内保持石墙厚薄一致、内外平整，这些光靠人眼人手几乎不可能完成，而且如果单靠人力，那势必需要较大数量的人，人多手杂，更易导致建造偏差。那么问题就来了，建造者使用了什么样的工具和机械装置呢？后世的人们找不到这方面的遗物，也无法从当时当地的土著居民的生产生活用具中寻获类似物。也就是说，大津巴布韦的设计和建造需要建造者有相当高的建筑技艺，还需要建造者拥有和掌握相应的设备与技术——研究者无法从当时当地土著居民中获得这两个方面曾存在的证据。

萨默斯认为，锥形塔和大石围的建造即便不是由外来人群亲手建造，也一定是或直接或间接地受到了外来因素的影响。这种外来因素应是来自东海岸，可能是葡萄牙人带来的，也可能是阿拉伯人或者斯瓦希里人带来的，又或者可能是内陆的居民去东海岸看到学到的。但是，外来因素的影响可能最终还是服从本土化的因素：材料和人工是本土的，其目的也是服务于某些人在当时当地的生活，不管这些人是外来者还是土著。①

那么，这些石建是建来干什么用的呢？罗杰·萨默斯总结提出了两种可能：

第一种可能，石建的建造者和所有者的社会是以农业为主的社会，相关石建要么是农民住房，要么是农业设施，这些农民既种植作物，也饲养以牛为主的牲畜。有的石建被认为是梯田，比如尼扬加的一些石建；有的石建可能是储藏农业收获的地方或者圈养牲畜的地方，比如卡哈米的一些石建。特别是一些近水的石建，会让人联想到人畜饮水、灌溉用水等。而石建在东南非的广泛分布也可以由此得到解释：因为这些农业居民实行烧耕轮作，隔一段时间要换一片土地，因此就造成石建的扩散。②

---

① Roger Summers, *Ancient Ruins and Vanished Civilizations of Southern Africa*, p. 121.

② Roger Summers, *Ancient Ruins and Vanished Civilizations of Southern Africa*, pp. 152-155.

第二种可能，石建的建造者和所有者的社会是以矿业和贸易为主的社会，相关石建或是矿场或者采矿营地，或是商站，或是二者合一。一方面，一些石建所在的地方有矿藏，特别是一些规模较大的石建，其附近往往有古旧的矿坑或矿洞；另一方面，一些石建位于或者靠近通往索法拉或者太特（Tete）的贸易路线。此外，在石建遗址里发现的铁件、铜件和金件可与矿业关联，而进口的玻璃珠和瓷器则无疑来自与外部世界的贸易。①

接下来的一个问题是：为什么那么多石建后来都成了废墟？

罗杰·萨默斯总结提出了五种可能：1、推陈出新或者更新换代：新的建起来，旧的就被废弃了；2、农业生产迁移：一处土壤肥力耗尽，人们就换到另一个地方，于是，肥力耗尽地方的石建被废弃，新地方的石建又出现了；3、矿业生产迁移：一处金矿被采掘完，人们就换到另一个地方，于是，金矿采完地方的石建被废弃，新地方的石建又出现了；4、战乱：战乱摧毁一些石建，或者迫使一些人们抛弃他们的石建；5、酋长更替：当地土著传统习惯里有酋长更换"驻跸地"或者牛栏的习惯，还有新酋长离开乃至摧毁逝去的老酋长的驻跸地或者牛栏建立新的属于自己的驻跸地或者牛栏的习惯。②

再接下来的一个问题是，为什么后来的人们不再建石建了？

当白人进入南部非洲内陆时，他们看到的石建都是已有之物，大部分还属于年代较远者。白人从未见过黑人建造石建，白人所见的当地黑人住的都是茅草屋。如果那些已是废墟的石建是出自黑人之手，那为什么黑人不再像他们的先人那样建石建了呢？

对于这一问题，萨默斯给出如下回答：首先，石建传统实际上仍在持续，一些黑人仍然会在建筑中使用一些石料，也仍然会用石料堆砌一些东西；其次，石建不再是必需。很多石建具有防御作用，这在族群混战时代可能是必要的，但由于族群混战的消弭，在山丘上建造易守难攻

---

① Roger Summers, *Ancient Ruins and Vanished Civilizations of Southern Africa*, pp. 157 – 163.

② Roger Summers, *Ancient Ruins and Vanished Civilizations of Southern Africa*, pp. 166 – 168.

的石建已没有必要,“易守难攻”就战乱而言是好事,但在和平情况下却意味着诸多不便利;再次,建造石建需要较高的物资和人力成本,建筑过程本身的难度也较高,周期也较长,相对而言,茅屋明显具有更高的“性价比”。[①]

在“谁建的”这个问题上,萨默斯的态度并不能算肯定明晰,或者说比较中和,他强调在外来因素影响下的本土起源,倾向于认定各种石建的占用者或使用者是黑人。

(四)《南部非洲的古代遗址与消失的文明》: 石建与社会生活

萨默斯根据考古发现物和人类学的观察记录资料对与石建相关联的人群的社会生活进行了演绎。不过,萨默斯主要是从尼扬加的石建出发来进行演绎的,或许可供围绕大津巴布韦的演绎作参考,但肯定要考虑到大津巴布韦自身的独特性。

在尼扬加的查沃梅拉,有由凹坑石屋、堡垒和梯田组成的石建群(pit-fort-terrace group),这是一个住有 8 到 10 户人的村庄。在一些较大的凹坑石屋里,往往是一个男性带着一个或两个妻子以及子女;一些人家比较富裕,他们会有除石屋之外的牛栏;一些单身的年轻人是放牧者,他们会住在一些非常窄狭的凹坑石屋内。还有一位层级较低的小酋长或者头人,他住的地方就是“堡垒”。

日常情况下,呆在这里的某个男性居民看顾他的绵羊,建造梯田,冬天时则还要建造或者修整凹坑石屋;与此同时,他的妻子或妻子们的工作会更多,她们在梯田里锄地、种植和耕种,然后收割,将其中一些收获物储藏在石台上的茅屋中;而他们的孩子们,则从事着放牧或者辅助放牧的工作。

这是一种并不轻松的生活。作物收获很少,几乎没有剩余,因此啤酒就成了一种奢侈品,只有头人的妻子有资源去酿造,别的妇女连酿酒大锅都没有。唯一不缺的是水,尼扬加降雨充沛,但也会不均衡,因此

---

① Roger Summers, *Ancient Ruins and Vanished Civilizations of Southern Africa*, pp. 168–169.

就需要建筑灌溉渠道，引水或者输水；有时他们也会在水渠边建造用土围垒的水坑，在那里储水供牛羊饮用。

艰辛的劳动、有时不那么好的天气、永远都不充足的粮食供应给妇女造成沉重的压力，也导致婴儿或儿童的死亡。因此，尼扬加的居民平均寿命并不长，这里也没有人口的快速增加，有的只是一种低水平的自然增长。有时还会存在或发生一些其他的风险，比如从南方来的人群的侵袭，而为了监控这种可能会出现的侵袭，就会有一些在位置较高、视野较好的山坡上建造的石建瞭望设施，当发现敌情时，在石建瞭望设施里的人就会放烟报警。

如果侵袭者进入某个地界，那一些外围的人群就得撤离，赶着他们的牲畜，进入集中的易守难攻或者设防的石建。一些成年的男性会用矛或者弓通过石建上的投射孔与侵袭者战斗，妇女和儿童则可使用石头投掷攻击。但这里面包含着非常大的风险，因为侵袭者的武器更强、武装行动组织也更出色。不过，当有时侵袭所得可能会超过侵袭本身所要付出的代价时，侵袭者就可能在尽可能地掳掠一些东西后就自动引退了，而不会去强攻那些在山丘上的设防的地方。

有人可能会问，如果尼扬加的这些村庄里有的只是少之又少的谷物、干瘦的牛羊，那为什么会有人来侵袭劫掠呢？这里没有象牙，也没有黄金，也不是大规模的贸易中心，只是一个贫苦的村庄而已。对此，萨默斯给出的猜想是：侵袭者是为了掳掠人口。[①]

在尼扬加的兹瓦（Ziwa）山区，有一些小规模的零散石建，它不像是有人长期占据的居住地，更像是一种临时活动场所，但与这些临时活动场所相关联的也还是有一些看起来应是用于住人的石建。萨默斯认为这些小规模的零散石建是村庄集体的谷物磨坊，妇女每天带着谷物来这里磨粉。像这种村庄集体磨坊在范涅科克石建遗址中比较多，它们往往与一个较大型的家庭石围建筑群相关联，而这个较大型的家庭石围所呈现的规模往往是一夫多妻多子的情形。但兹瓦的这些石建在

---

① Roger Summers, *Ancient Ruins and Vanished Civilizations of Southern Africa*, pp. 195–197.

高度低于查沃梅拉的石建，在面对侵袭时无法防守，所以当危险来临时，这里的人们就得往上跑；而反过来，当和平无事时，山上的人也会来这里活动乃至较长时间的居住。①

尼扬加的这些石建遗址从各个个体来看是规模较小的村庄或者村用设施，那么还有一些较大规模的石建呢？比如大津巴布韦和卡哈米石建遗址，它们那里的经济社会生活是怎样的呢？

萨默斯认为，大型石建群里住着的应该是更高级别的酋长乃至国王，他们是族群或者王国政治、经济和社会文化生活的组织者和主导者。光这一点就赋予石建一种特殊的地位——重要且神圣，它是政治中心和经济中心，也是社会文化中心特别是宗教中心。

这里有高大的石墙，有巨石，有石柱，它们代表财富，代表地位，代表力量，也可能具有一些传统宗教的象征意义——比如一些石柱就被认为是阳物的象征，代表着在班图人中比较普遍的生殖崇拜，这种生殖崇拜不仅祈求人的多生多养，还祈求地的多产高产。

这里是高级酋长或者国王们举行多种仪式的地方，首先，最重要的可能是祈雨仪式，因为东南非内陆的降雨开始时间常常不稳定，再就是常常不均衡，一个地方开始下了另一个地方还没开始下，在同一时间内一个地方在下另一个地方没下，或者一个地方下的多另一个地方下的少，于是，在播种的关键时刻，如果雨不能及时降下或者降的量不够，就需要祈雨。高级酋长或者国王就会在大石建里的某个禁秘、神圣的地方举行仪式，召唤祖先魂灵眷顾或者祈求雨神显灵施恩。其次，可能有祭祀最高神姆瓦里（Mwari）或者祖先的仪式，会有在某个祭坛处杀牲献祭之类的活动。再次，可能有新酋长或新国王登基加冕的仪式，但关于这方面的信息极端缺乏，研究者更多地只能进行一些猜想。②

除了履行魔法、神谕和信仰的功能外，酋长的职能还包括：主管军事，为石建本身设防，建立和维持武装队伍；主管内部生产和分配，在收

---

① Roger Summers, *Ancient Ruins and Vanished Civilizations of Southern Africa*, T. V. Bulpin, 1971, p. 197.

② Roger Summers, *Ancient Ruins and Vanished Civilizations of Southern Africa*, T. V. Bulpin, 1971, pp. 207–210.

纳贡赋的同时实施重新分配；主管对外贸易，接待“外商”，组织外贸商品；主管司法审判，处置臣民冲突和纠纷。

在大型的石建里，除了高级酋长或者国王以及要人、“廷臣”外，还有他们的妻子儿女，还有生活辅助人员，而在石建周边，还有广大劳动群众。日常岁月中，“王室”的妇女要在这里制作陶器、烧饭、酿啤酒、照看孩子，但她们不用下地耕作；其他的劳动妇女则需要下地劳作，有时还要参与采矿。男性主要从事狩猎，获取日常的肉食供应，因为杀牛是很少的。在狩猎活动中，酋长或国王有权分得一部分猎获，比如最典型的一头大象的两支象牙的其中一支。①

为了“搞活经济”，积累财富，酋长或国王必须开展对外贸易，用内部的象牙、黄金等换取外部世界的瓷器、珠子、布匹等奢侈品，再晚一点则还有枪支弹药。象牙、黄金之类的商品，酋长或国王有时是直接组织安排人员去猎获或采掘，有时则是以从仆从族群或者臣民中收纳贡赋的形式进行积累；还有的时候，当携带大量货品的外商到来时，酋长就会让外商盘桓较长时间，期间组织民众尽最大的努力搜集各种可交换物，每天或每隔一段时间进行交换，直到双方商品都转到对方手上。②

萨默斯还对多个石建之间的关联体系进行了推论：酋长或国王平常在大型石建里居住和处理公共事务，但有时也会出巡或“休假”，有的石建遗址可能就是酋长或国王的“行宫”。萨默斯认为，像大津巴布韦、卡哈米、德罗德罗等大型或较大型的石建遗址更多地与公共事务相联系，而一些小型的遗址则可能是酋长或国王的私休所，他可以在这里的山顶石建上待着，免受各种求情者、申诉者和商人的打扰。③

可以说，萨默斯对包括大津巴布韦在内的石建文明的历史进行了一个比较完整的构建，尽管其中推测性的内容很多，但从逻辑和合理性上来说仍值得重视和参照。而萨默斯本人的根本态度仍然是谨慎的，

---

① Roger Summers, *Ancient Ruins and Vanished Civilizations of Southern Africa*, T. V. Bulpin, 1971, pp. 205 - 207.

② Roger Summers, *Ancient Ruins and Vanished Civilizations of Southern Africa*, pp. 206 - 207.

③ Roger Summers, *Ancient Ruins and Vanished Civilizations of Southern Africa*, p. 207.

他指出，南部非洲的石建遗址研究仍有很长的路要走，但不管怎样，一定要注意两个问题，那就是不能用科学上不可接受的方法来回答相关问题，也不能只想着讲吸引人的故事。[①]

二、加雷克对大津巴布韦历史的构建

1973 年，彼得·加雷克（Peter Garlake）出版了《大津巴布韦》一书。该书对围绕大津巴布韦的调查和研究历程进行了全面的回顾，对当时所能获得的数据资料进行了比较全面的总结，对大津巴布韦遗址本身也进行了比较全面的描述。[②]

加雷克曾在开普敦大学修读建筑学，而后在伦敦和索尔兹伯里从事建筑师工作，后又在伦敦大学获得史前考古专业的学位。在介入关于大津巴布韦的研究之前，加雷克在东非进行了一些考古发掘和研究实践，主要是对一些中世纪的斯瓦希里城镇进行发掘和研究。从 1964 年开始，加雷克担任罗得西亚历史文物委员会的高级调研员。

（一）大津巴布韦研究的变迁

加雷克指出，围绕"大津巴布韦"的讨论主要呈现在两个方面。第一个方面是"业余"的，主要是一些一般感兴趣者的具有随意性或无所谓的推测，他们简单地从"黑人不可能有石建也不需要有石建"出发来看待大津巴布韦，他们或许并不会刻意地去否认大津巴布韦等石建是出自黑人之手，但却很乐意以浪漫主义的方式将大津巴布韦与古老的外来种族联系起来，"俄斐的黄金""所罗门王的宝藏""示巴女王""腓尼基人"等等听起来和说起来都更有意思。第二个方面是"专业"的，主要是极少数几位考古学家，他们的研究倾向于肯定大津巴布韦是出自黑人之手，但也正因为"专业"，所以在文献缺失、考古研究对象本身被扰乱严重的情况下，他们也不愿意给出完全肯定的结论，无论多么专业，

---

① Roger Summers, *Ancient Ruins and Vanished Civilizations of Southern Africa*, p. 213.
② Peter S. Garlake, *Great Zimbabwe*, Stein and Day Publishers, 1973.

充分的资料和数据始终是基础，如果资料和数据不充分，“专业”人士唯一能确定的是不确定。

加雷克指出，资料和数据的不足是一种不幸，而更不幸的在于非专业人士可以有很大的发挥空间。但是，长期以来，关于大津巴布韦的讨论并没有那么引人注目，因为不关心者要么不关心，要么可以接受各种说法，而真正关心并执意去探寻的人并不多，争论始终局限于小圈子中。

加雷克明确了大津巴布韦问题中的白人种族主义和黑人民族主义因素，也明确了这些因素的掺杂给研究带来的困难。

“二战”结束后，非洲民族主义浪潮掀起，白人统治之下的罗得西亚的一些黑人民族主义者开始关注大津巴布韦，并开始有意识地把大津巴布韦塑造为黑人传统的象征物，认为它代表了黑人悠久的历史和灿烂的过去，认为它可以在新的民族主义斗争中发挥凝聚纽带的作用。对此，白人最开始是持鄙夷的态度，但很快就发现黑人民族主义者真的是在把大津巴布韦当一回事，因此他们也很快作出了反应，开始利用自己掌握的远优于黑人的智识、技术、经费和研究网络来展开研究和宣传，刻意地抹杀或者淡化黑人的作用。但是，专业的学者并没有完全被牵着鼻子走，如 1958 年罗宾逊、萨默斯、维提等人的研究，仍然可以说是非常严谨和客观的。但是，政治人士主导下的文化演绎是非常有力的，即便不能完全否认黑人的作用，至少也可以不把功劳全归在黑人头上。而且，编造或者部分地编造关于大津巴布韦的历史也并非难事。

但是，白人的执意否认或者故意“带偏”反而推动了黑人民族主义者的主动意识，他们更加敏锐地意识到大津巴布韦之于他们而言的象征性意义，因为它从实体到称谓都是非洲式的，并且是那么突出的一个存在。20 世纪 50 年代末 60 年代初，黑人民族主义者开始以津巴布韦自称。很快，津巴布韦非洲人民联盟（ZAPU，Zimbabwe African People Union）和津巴布韦非洲民族联盟（ZANU，Zimbabwe African National Union）先后诞生。

加雷克表示，进入 20 世纪 60 年代后，大津巴布韦问题已不再仅仅是一个学术问题，而是成为一个深受白人种族主义和黑人民族主义交织影响的对象。一个从学术角度来说仍有很多"未解之谜"的东西成为一个被政治人士操弄的对象,而政治的操弄不可避免地使学术研究出现曲折。而且,黑白双方争论的问题其实也很"简单",就是两个:谁建的?什么时候建的?进一步来说,问题其实只有一个:谁建的?在这种状态之下,一些研究者的目标就变得比较单一,或者说开始纠缠于一些特定的问题,这也是不利于学术研究的推进的。

到20世纪60年代末70年代初时,关于大津巴布韦的研究已进入了一个不确定性更加多的时代。人们发现,由于大津巴布韦遗址本身的被破坏——既有探宝者和业余探索者的破坏,也有专业的好心人士为了保护而造成的破坏,即便是如卡顿—汤普森,其研究也是有缺陷的,这就给了各种参与争论者以非常大的勇气和操作空间,政治因素的引入也使问题更加复杂化。

当时,加雷克和萨默斯都很关注这些问题,也意识到这些问题对于严肃的学术研究的消极影响,他们努力作出回应,力求尽可能全面,力求尽可能理性。但是,研究本身的困难从一开始就存在,其中一些困难甚至还看不到克服的可能性,因此即便是严肃的学者,也会在一些问题的说明和争论上感到无力。

加雷克承认,关于大津巴布韦的进一步研究不得不依赖对早期探索研究者的发现进行最大限度的重新审视和评估;但加雷克也表示,如果将眼光放得更宽,去关注大津巴布韦之外的其他石建遗址,那么也许就能构建一个更为广阔的社会和历史背景,从而为大津巴布韦问题的解释或解决提供一个更广阔的视野。①

(二)对考古发现的重新审视

在加雷克看来,在大津巴布韦遗址中发现的遗物从数量上来看还是很多的,除了珠子和瓷器等相对较少的外来物品能有比较明晰的信息外,大量的纺锤、皂石制品、铁锄、铁斧、铁矛、铁箭头、铜和青铜装饰品、金制品以及多种与冶金关联的矿渣、炼炉吹管、坩埚、模具、工具等

---

① Peter S. Garlake, *Great Zimbabwe*, p. 14.

却得不到既确切又清楚的解释，如它们是从哪里来的、在特定的时间段里有什么样的发展和变迁、相应的遗物如何被使用等这些问题，一直都未有能让大家都满意的解释。

加雷克对从大津巴布韦发现的一些遗物遗存进行了分析，特别是对这些遗物遗存涉及的工艺和技术进行了研究，主要涉及家用陶器制作、冶铁制铁、铜加工、金加工、纺织和茅屋搭建。大津巴布韦居民的家用陶器用掺植物纤维的粘土盘绕制成，然后在开放的火坑中烧制，最终的成品呈罐和锅状，应是用来装盛谷物、液体饮料如啤酒之类。金属制品涉及冶炼、锻打和多种加工，实用的工具和武器主要用铁，装饰品则用铁、铜或者金，涉及拉丝、与其他制品如植物纤维进行混合加工等过程，其中最引人注目的是用铜丝与植物纤维进行绞缠，制成镯或者链之类的物件。根据相关遗存的分布，可以推定冶金和金属制品制造应是在特定的地点或空间内进行，而由此也可推论相应的技术和工艺应是由特定的人掌握。纺织主要涉及陶制的纺锤和纺盘，这些纺织工具可能是用来纺棉。茅屋制造可以通过一些圆形硬结地面、桩柱入土遗存进行还原，特别是可以根据不同圆形硬结地面的面积对不同茅屋的功能、居住者或使用者进行区分。①

加雷克对一些可能具有象征性含义的遗物进行了分析，主要涉及皂石鸟、独块巨石、俑、皂石碗盘，这些都是大津巴布韦所在地区的本土产物。

在大津巴布韦遗址发现了 7 件完整和 1 件仅存下半部的皂石鸟雕刻。早期，本特、霍尔及其追随者们围绕着皂石鸟演绎了很多情节。从原料来看，离大津巴布韦遗址最近的一处皂石产地距其约 15 英里。从表现风格来说，它们并非写实，而是一种僵硬、粗糙的图形示意。因此，从雕刻本身很难判断它们到底表现的是哪一种鸟，鹦鹉、鹰、鱼鹰和冠犀鸟等说法都曾有人提及，但它们更有可能是一种带有想象性质的表意，并不是刻意地为了表现某种实在的东西。或者说，也许它们只是表现鸟，也许它们象征的根本就是鸟之外的事物或者意向。

---

① Peter S. Garlake, *Great Zimbabwe*, pp. 111 - 119.

独块巨石在津巴布韦大地上颇为常见，其在大津巴布韦遗址的存在有的是自然的存在但被人为地进行了利用，有的则是有意的安排。在大石围，它们似乎被有意地——但也可能就是自然存在，这在津巴布韦的岩石地貌中并不少见——排放或堆积在一起，从而形成一个特定的空间、平台或者可坐人可置物的台面；在山顶建筑部分，独块巨石则往往以自然存在的姿态被整合入墙体。针对一些独块巨石和独块巨石的集合，曾有人提出过它们是塔、平台、要塞、祭坛或者某种标记。加雷克认为，大部分独块巨石和独块巨石的集合很少有装饰，整体的分布格局也看不出有刻意规划安排的痕迹，加上其他信息缺失，实际上很难确定其用途或者内涵；有少数几处似乎为刻意的放置，可能是与地位特殊的逝者有关。

在大津巴布韦发现的俑包括陶俑和皂石俑，主要是牛形，再就是少量的羊形，它们大都出土于较早时期的地层。根据一些其他铁器时代遗址的发现和相关现代社群的民族志资料，这些陶俑应是儿童的玩具。应该看到的是，它们具备标准化、模式化的特征，部分具有抽象的拟人特征。与陶俑类似的还有一些皂石俑，加雷克认为皂石俑是由陶俑发展而来的；关于俑的用途，除了是作为儿童玩具外，还有一部分——特别是皂石俑——被霍尔等人认为是可能与阳物崇拜有关，加雷克也认为可能与某种崇拜有关，但却不是阳物崇拜。加雷克进一步认为，皂石俑可能与皂石鸟相关联，二者可能属于同一信仰或仪式体系。

除了比较受关注、争议也较多的皂石鸟、独块巨石和俑外，皂石制的碗、盘也比较突出，因为其上有较多的几何线条和动物图案。加雷克认为，几何线条可能与东非海岸的一些装饰图案有联系，他举了基尔瓦(Kilwa)和杰迪(Gedi)遗址的例子，认为大津巴布韦石碗的装饰线条要么是受外来物的影响，要么是受外来人的影响，当然也有可能是大津巴布韦本地居民去到海岸之后传回的元素。至于动物图案，加雷克认为都比较粗糙和僵硬，且与皂石鸟一样为非写实。[①]

大津巴布韦遗址还有一些可以确定属于外部世界的产物，包括陶

---

① Peter S. Garlake, *Great Zimbabwe*, pp. 119 – 131.

器、瓷器、玻璃制品、珠子、铜丝、贝壳等，而其中珠子的数量最多，并且珠子在除大津巴布韦之外的其他东南非石建遗址也大都有发现，珠子除了成组集中存在外，有的还与铜丝、植物纤维或者贝壳等进行组合。从研究的层面来说，珠子一是可以辅助确定年代，二是可以在寻得其原产地的基础上探讨大津巴布韦与外部世界的贸易关系，三是探讨珠子作为等价交换物在对外贸易和区域内部贸易中的流通情况。①

（三）对大津巴布韦历史的演绎

加雷克对“津巴布韦”一词进行了一些考证。“Zimbabwe”是一个绍纳语的词，它可能是“*dzimba dza mabwe*”的简写，意为“石头房子”；它也可能是来自“*dzimba woye*”，意为“庄重的、受尊敬的房子”，这里所谓的“房子”既可能是指酋长的住处，也可能是指酋长的坟墓。16 世纪时，葡萄牙人的记录中出现了“*zimbaoe*”这个词，卡兰加人用这个词指酋长或其家族成员居住的房子。由于很多石建遗址都被认为与酋长居住相关，所以这些石建也开始被称作“zimbaoe”或者类似形式，比如“zimbo”“zimbabwi”“zimbyaoe”之类。②

加雷克对围绕大津巴布韦的相关历史进行了演绎。

首先，总体的一个描述是：大津巴布韦的建造者应是某支以畜牧为主的黑人族群，他们可能来自马庞古布韦所在的林波波河谷地区；大津巴布韦的主体建筑工作可能从公元 12 世纪初左右开始，而续建工作和被占用可能一直持续到 15 世纪中叶；大津巴布韦代表的文明在其发展的高峰时期，可能有逾 10 万人口，他们在石建内部和周边居住和生活，主要从事养牛、采金和铜等活动，同时猎象获取象牙来与东非海岸的斯瓦希里商人进行贸易。

而如按编年展开，则可能是如下情况：

约公元 4 世纪时，大津巴布韦所在的东南非内陆地区开始有农耕者居住，他们应该是从大津巴布韦所在地区之外的地方进入，而在他们

---

① Peter S. Garlake, *Great Zimbabwe*, pp. 131 – 135.

② Peter S. Garlake, *Great Zimbabwe*, p. 11.

之前的主要是晚石器时代的采集狩猎者。在一段时期内，外来的农耕者和本地的采集狩猎者共存，双方之间的冲突并不明显，但农耕者的优势逐渐凸显，特别是冶铁制铁技术的掌握，使他们能有更具优势的工具和武器；并且，与这些农耕者具有关联或者相似的其他人群还在不断地到达；最终，这些农耕人群在东南非内陆占据了比较突出的地位，并不断扩展。

大约 9—10 世纪时，又有一波新的人群进入，而他们似乎主要是牧人，牛是他们主要的饲养对象和财富，但与此同时，他们也种植高粱、小米、某些豆类等，并且也没有完全放弃采集和狩猎。这批居民开始较多地修筑粘土抹墙的茅屋，还开始制作牛形、羊形以及女性形象的俑。

到 12 世纪末 13 世纪初时，大津巴布韦所在地区的形势开始出现比较显著的变化，这可能是因为农耕—畜牧群体的进一步整合和组织化，出现了较大规模的酋邦或者国家；同时，东海岸商业城镇的市场和贸易刺激也发挥了作用。内外因素结合表现最突出的可能是黄金的开采和冶炼加工，一些围绕采矿和贸易的集中城镇或者村庄发展起来，而由于财富的增加，设防成为一种需要，石墙建筑开始以不同的形式和规模在东南非内陆多个地方出现，而大津巴布韦就是其中的一个代表。

通过对陶器、建筑和器物装饰风格以及珠子等进行综合分析，能看到大津巴布韦所代表的文化与豹山文化可能有纵向的历史联系，大津巴布韦遗址本身与周边临近的一些遗址既可能存在横向的联系，也可能存在前后相继的纵向联系。虽然具体的相关细节由于考古数据的不足和其他信息的缺失而难以明确，但一个总的可能是曾存在某个中心和若干外围，某个中心衰落后，某个之前是外围的可能会成为新的中心，也有可能不会再有新的中心，而只是外围各自相对独立。具体来说，可以推测认为，大津巴布韦文化可能继承和容纳了豹山文化的部分内容，同时又有自身的东西；而大津巴布韦文化在 15 世纪后半叶衰落后，就没有再出现能以某座石建为对应且具有中心地位的存在。

还要看到，大津巴布韦所代表的文明也受到了东非海岸的影响，当东非海岸商业繁荣稳定时，大津巴布韦就有比较好的发展，并能与东非海岸进行比较多的经济和文化交流，从而吸收其部分物质和精神文化的内容。14 世纪末 15 世纪初时，东非海岸的城邦有过一段时间的繁荣，特别是基尔瓦，当时出现了规模宏大的清真寺。进入 15 世纪后半期后，葡萄牙人的压力开始出现，东非海岸的商业城镇的力量开始减弱，其赖以为生的贸易也开始受到钳制和冲击，也正是在这个时候，大津巴布韦所在地区的经济和物质文化出现了明显的下滑。到 16 世纪中期时，东非海岸北部又开始面临加拉人（Galla）和兹姆巴人（Zimba）的冲击，而葡萄牙人在南部的控制也导致内陆与海岸联系的不稳定，地处内陆的大津巴布韦开始越来越孤立，越来越封闭，直至衰落无闻。

加雷克也分析了大津巴布韦与托尔瓦（Torwa）、莫诺莫塔帕（Mwene Mutapa）、罗兹韦（Rozwi）国家之间的关系。加雷克认为，托尔瓦国家与大津巴布韦的关系可能最近，其宫廷或者中心可能就是大津巴布韦。

莫诺莫塔帕国家是三个国家中最大最有影响的，也有相对较多的文字资料，但大津巴布韦的建造者和莫诺莫塔帕国家统治者之间的联系仍不明确，虽然二者在物质文化方面有很多的相似性，比如在器皿、武器、工具和多种小物件方面，比如对黄金开采和贸易的依赖方面。但必须明确的是，大津巴布韦的出现要早于莫诺莫塔帕王国的诞生，二者之间到底是同一人群前后相继的关系还是不同人群先来后到的关系？从已有资料情况来看很难确定，但加雷克个人认为应该是前者，即莫诺莫塔帕王国的统治者和主体居民应是大津巴布韦建造者的直接后继者，这在经济活动、社会组织、国家控制、宫廷和宗教文化方面都能找到线索。但是，一个始终让人迷惑的问题是，莫诺莫塔帕的统治者们似乎并没有住在石建中，加雷克认为这可能是因为他们的宫廷或首都处在石料资源并不丰富的地区，因此在没法建石建的情况下逐渐抛弃了石建。但是，在证据不足的情况下，我们既可以接受加雷克的解释，同时也可以有很多其他的解释，比如他们可能与大津巴布韦的建造者根本就是两群人，他们不习惯建造石建并占据使用，或者根本就不会建。

罗兹韦国家与莫诺莫塔帕国家有直接的关联，他们有共同的根源，在政治、社会和文化方面有很多一致的地方。但与莫诺莫塔帕国家不同的是，他们对石建的利用较多，既有对旧有石建的占据使用，也有一些新建的石建，特别是在 19 世纪 30 年代面临恩戈尼人侵袭时，他们较多地使用了石建作为避难所或要塞。大津巴布韦遗址在罗兹韦国家的控制范围内，但他们并没有占据大津巴布韦并在其中居住，不过他们似乎一度把大津巴布韦作为一个举行宗教性仪式或者特定社会风俗活动的地点。

加雷克强调大津巴布韦的非洲起源，但同时也重视其与外部世界特别是东非海岸的关系。加雷克对与大津巴布韦相关的历史进程进行了划分和粗略的描述，同时也将其与特定的政治经济国家进行了关联，第一次比较完整地演绎了围绕大津巴布韦的历史。

加雷克的研究成果得到 1980 年诞生的津巴布韦共和国的认可，津巴布韦共和国将其作为官方史学。1982 年，加雷克出版了名为《大津巴布韦：描述与解释》的小册子，这本小册子一度在大津巴布韦遗址景点的纪念品商店进行出售；[①]随后，加雷克又出版了名为《津巴布韦早期历史：从马托博到尼扬加》的低幼通俗读物，其中也有对大津巴布韦的论述。[②] 这两本小册子可以说充分地体现了津巴布韦国家对加雷克研究成果的认可。

三、比奇的“绍纳人—大津巴布韦体系”

1980 年，大卫·比奇（David N. Beach）出版了《绍纳人与津巴布韦：900—1850 年》一书。该书副标题为《绍纳人史纲》，虽然它写的是绍纳人的历史，但它把大津巴布韦纳入到绍纳人历史进程中，实际上直接明确绍纳人是大津巴布韦的缔造者。除了大津巴布韦外，比奇还将豹山文化、莨诺莨塔帕、托尔瓦、昌加米尔等都纳入到绍纳人的历史中，从而演绎出一个完整的以绍纳人为纲、以大津巴布韦为重要意象的历

① Peter Garlake, *Great Zimbabwe: described and explained*, Zimbabwe Publishing House, 1982.

② Peter Garlake, *Early Zimbabwe: from the Matopos to Inyanga*, Mambo Press, 1983.

史发展体系。[①]

比奇指出,绍纳人从来都不是一个统一的有中央权威的集体,他们分散在多个地方,各自为政,各有自己的兴衰发展历程。因此,可以看到,绍纳人的不同群体在不同的时代在不同的地区创造了不同的文化。先是有绍纳人在 10 世纪中叶时在赞比西河以南的高原地区西南部定居,到 11 世纪初时,他们扩展到林波波河谷的低地地区,这群绍纳人创造了豹山文化;11 世纪末时,高原地区南部的绍纳人又创造了古马尼耶文化(Gumanye culture);约从 12 世纪中开始,高原地区中部出现了哈拉雷文化(Harare culture);约 13 世纪初时,高原地区北部和西北部则有姆森格兹文化(Musengezi culture)。

其中,古马尼耶文化发展为津巴布韦国家。

按照比奇的说法,古马尼耶文化人群自 11 世纪末形成后,到 12 世纪初时就进入了一个比较繁荣的时期,他们开始建造硬实粘土墙的房子,统治者则还使用较易得的自然断裂的花岗岩石块砌筑石墙,用以将自己的住所与其他人的住所隔开。石墙的发展在 14 世纪时达到一个高峰时期,而这时所谓的津巴布韦国家已逐渐成型。

从古马尼耶文化到津巴布韦国家的发展,一个重要的推动应是黄金的开采以及与黄金相关的东非海岸贸易,而津巴布韦国家的重要任务也正是要控制黄金的开采和与东非海岸的贸易。为了控制黄金开采和贸易路线,津巴布韦国家需要一支强制力量,而黄金开采和贸易本身也在为这样的强制力量提供支持。除了依靠黄金开采和贸易外,养牛也是一个重要的基础,牛是统治者的财富储存物,也是统治者吸引追随者和维系臣民与强制力量忠诚的重要工具。可以说,津巴布韦国家不光在农业、矿业和对外贸易方面有可圈可点之处,在政治组织和军事上也可能有自己的特点和优势。

比奇认为,津巴布韦国家的发展主要体现在三个方面:统治者的生活更加复杂精细、首都民众的生活更具城市化特征、津巴布韦文化在

---

① D. N. Beach, *The Shona and Zimbabwe 900 - 1850: An Outline of Shona History*, Mambo Press, 1980.

赞比西河以南高原地区广泛扩展。①

比奇认为，公元1300—1450年是津巴布韦国家的繁荣时期，它加强了对黄金贸易的控制，并进一步扩大了牛养殖。财富的增加使统治者的生活水平进一步提升，其中一个最突出的表现可能是统治者开始用越来越多的财富来扩大石墙建筑。在繁荣的条件下，统治者可以有更高技巧技能的石建工匠，可以有更多的劳动力供给，从而使石建的规模更大、覆盖或分布范围更广、石建本身的构造也更复杂。因此，大津巴布韦可以说首先就是津巴布韦国家统治者财富的象征。在大津巴布韦的石建里，统治者有宽松、舒适和安全的空间，有精美的陶器和进口的瓷器、布匹、衣物、黄金制品之类的奢侈品供使用。

比奇认为，津巴布韦国家的统治者除了掌握经济和军事的物质力量外，应该还掌握一定的宗教精神的力量，这种力量主要是靠垄断某些仪式的组织和实施来呈现，在大津巴布韦遗址发现的皂石鸟、皂石碗盘、女性陶俑、阳物雕刻以及独块巨石或独块巨石组合等等可能就是用于仪式。但是，这种宗教精神的力量到底有多强，它在津巴布韦国家的统治和治理中到底占多大的分量，却难以说清。

从陶器和一些口述资料进行分析，大致可以确定津巴布韦国家的统治者是操绍纳语者，但关于其王系继承的信息却完全缺失。比奇认为，可以笼统地称豹山文化人群、津巴布韦国家、莫诺莫塔帕、托尔瓦、昌加米尔的统治者和主体居民都是操绍纳语者，但不同人群之间的关系、不同国家之间的关系却很难完全厘清。总体上来说，豹山文化、津巴布韦国家和托尔瓦国家具有比较明确的前后相继性，但莫诺莫塔帕和昌加米尔却属于较为独立的存在，他们与津巴布韦国家的关系还有待进一步研究。

比奇提出，如果要关注津巴布韦国家除统治者之外的普通居民，则可能需要对大津巴布韦遗址的谷地部分进行考察。比奇基于当时的调查情况，认为大津巴布韦遗址居住的普通民众的数量大概是5000到11000人。如果进一步调查的话，则数量可能还会有进一步增加。比

① D. N. Beach, *The Shona and Zimbabwe 900 – 1850: An Outline of Shona History*, p. 43.

奇认为，在一个较小的范围里要集中这么多的人，那么大津巴布韦的城镇化水平应该是相对较高的。在这些居民中，妇女是农业劳动的主要承担者，她们劳动的田地可能在离大津巴布韦有一定距离的地方，这一方面是因为人口较多，因此需地也较多，农业土地范围较大；另一方面，大津巴布韦所在的地区多石多山，可开垦地本身就比较狭窄，因此也需要较大范围的土地。男性居民主要从事狩猎和采集——那这样一来的话，他们的猎场和采集地域在哪里，就又成为新的问题，而这可能需要从环境研究和土地资源调查的角度来进行分析。

比奇认为，津巴布韦国家虽然是以大津巴布韦为中心，但其控制和影响的范围要远大于大津巴布韦所在的区域。在赞比西河以南高原上，有成千上万座石墙建筑或部分石墙建筑。比奇认为，他们应该是与津巴布韦国家有关系，但到底是什么关系却难以断定。

津巴布韦国家在 15 世纪的上半叶一度繁荣，但到 16 世纪初时已衰落无闻。为什么会出现这种情况？有观点认为是由于外部世界的影响，认为外来者特别是葡萄牙人打乱了津巴布韦国家对贸易的控制，也打乱了津巴布韦国家与东非海岸的关系。但比奇认为，津巴布韦国家的衰落应是与其本身的发展有关，随着其不断的扩大，其所控制的地域无法再承载过量的人口、农业活动、放牧和矿业开采。而且，相对较大量的人口集中在大津巴布韦区域，这些人对粮食、烧柴、牧场以及其他生产生活必需品的需求要如何满足就成为很现实的问题。在资源相对有限的情况下，不同的人群可能会展开争夺，有时激烈的情况下可能会引发较为剧烈的冲突甚至内战，这可能是津巴布韦国家衰落的原因或者原因之一。

与之前的学者围绕大津巴布韦本身展开研究和论述不同，比奇实际上是围绕着绍纳人在进行历史的构建，直接确定以大津巴布韦为代表的石建是出自绍纳人，为绍纳人所占用，随绍纳人历史的变迁而变迁。这样一来，比奇实际上就脱开了考古缺失的困扰，也脱开了多个未厘清问题的限制，直接地把绍纳人推了出来，使围绕大津巴布韦的历史变成了围绕绍纳人的历史。

四、穆登奇的“大津巴布韦—莫诺莫塔帕体系”

在比奇将绍纳人与大津巴布韦“绑定”并初步构建出一套以“绍纳人—大津巴布韦”为纲的历史体系之后，津巴布韦学者兼政治家斯坦·穆登奇(Stan I. Gorerazvo Mudenge)于 1988 年出版了《莫诺莫塔帕政治史：1400—1902》一书，该书围绕东南非内陆近代最重要的国家莫诺莫塔帕进行阐发，提出并演绎了这样的观点：大津巴布韦是一个繁荣国家的首都，这个国家由绍纳人在公元 1000 年左右缔造，它以养牛、采矿和贸易为基础，它是莫诺莫塔帕帝国的前身。[①]

如比奇一样，穆登奇也是直接认定绍纳语人群就是大津巴布韦的建造者，并认为东南非内陆特别是莫桑比克、南非、博茨瓦纳的石建都或多或少地与绍纳语人群有关，要么绍纳语人群是建造者，要么有绍纳人血统的人群是建造者。绍纳语人群在中南部非洲的影响既涉及人群的扩散，也涉及经济和政治的扩展，还涉及文化的扩张。穆登奇认为，绍纳人的扩展与隆达人(Lunda)和恩戈尼人(Ngoni)的扩展相似，都是通过人群流动来实施物质和文化的扩展。但其实，人群流动的形式和性质不尽相同，隆达人主要是采取和平的方式，恩戈尼人则主要是采取暴力的方式，绍纳人更像隆达人。

穆登奇认为，绍纳语人群和与绍纳人相关的人群都或多或少地掌握着石建技术，它们的石建主要是两种类型，一种是如大津巴布韦那样有较多的竖立的石墙，另一种则如卡哈米那样有较多的依托自然石块或者山势的矮墙和平台型建筑。穆登奇认为，绍纳人的石建主要是用于军事防御目的，石墙或石围把统治者和重要人物的茅屋住房包在里面。

穆登奇根据口述资料和早期葡萄牙人记录演绎称，莫诺莫塔帕国家的奠基者是“穆托塔王子”(Prince Mutota)，这位王子是与大津巴布

---

① S. I. G. Mudenge, *A Political History of Munhumutapa, c. 1400 - 1902*, African Publishing Group, 1988.

韦关联的国家的统治家族成员，他应该是大津巴布韦所代表的国家派出的征服者，这位征服者在完成征服后就在被他征服的土地上缔造了莫诺莫塔帕国家。穆登奇的关于津巴布韦国家与莫诺莫塔帕国家前后相继的观点很明确，但相关的证明却很薄弱或者说不够充分，因为穆登奇自己也说穆托塔王子与津巴布韦国家的关系实际上并不清楚，因此津巴布韦国家与莫诺莫塔帕国家的关系也是模糊的。

还有一点是，虽然说津巴布韦国家与莫诺莫塔帕国家一脉相承，但莫诺莫塔帕国家的统治者似乎对石建并不青睐，他们既不热衷建石建，也没有在石建里面住。如果说莫诺莫塔帕国家是以石建为核心特征的津巴布韦国家的继承者，那这怎么说得通呢？穆登奇当然也注意到这一问题，而他的解释就很简单，认为原因在于莫诺莫塔帕国家中心和主体所在的地区没有充足的花岗岩石料资源。这种解释不能说没有道理，但却是在用简单的回答来应对复杂的问题，底气不足之余，还有些牵强附会乃至强词夺理。

无论是津巴布韦国家还是莫诺莫塔帕国家，对外贸易都很重要。与此前很多学者强调东非海岸对大津巴布韦和莫诺莫塔帕国家的影响不同，穆登奇反了过来，更强调大津巴布韦和莫诺莫塔帕国家对东非海岸的影响。在穆登奇看来，不是与东非海岸的贸易推动了大津巴布韦和莫诺莫塔帕的发展，而是与大津巴布韦和莫诺莫塔帕的贸易推动了东非海岸的发展。

可以看出，穆登奇的研究和观点有这样几个特点：首先，穆登奇喜欢认为有些问题没有争议，他直接地确认绍纳人是大津巴布韦及相关文明的缔造者，更直接地确认莫诺莫塔帕国家是津巴布韦国家的继承者，即便他自己都承认有很多说不清，但他认定就是如此；其次，穆登奇过于强调绍纳语人群的地位，他把东南非内陆的大部分石建都归到绍纳语人群或与绍纳语人群亲缘关系密切的人群头上，从而实际上也是把莫桑比克、南非、博茨瓦纳的相关历史纳入了津巴布韦的体系，这至少在非津巴布韦共和国的人看来是一种自我中心主义，它包含了对绍纳语人群的偏爱和拔高，也包含了对南部非洲其他可能与大津巴布韦相关族群的无视，这种做法除了凸显个人感性好恶之外，也可能存在把历史问题政治化之嫌。

大津巴布韦在南部非洲内陆的突出性存在实际上被意识形态化，相关国家的非洲民族主义者为了突出自己历史传统的悠久，常常倾向于把大津巴布韦放入某个框架中，而不管大津巴布韦到底是不是真的属于这个框架。莫诺莫塔帕国家本身已有比较突出的存在和影响，其延续的时间也比较长，肯定可以被看做是东南非内陆历史的一个重要乃至主体性的内容。如果再把莫诺莫塔帕国家跟大津巴布韦挂上，那么相关的历史就显得更加“灿烂”。

如果只谈莫诺莫塔帕国家，则穆登奇的《莫诺莫塔帕政治史：1400—1902》一书无疑是很有价值的，他使用多种文献资料特别是葡萄牙殖民者的资料，对莫诺莫塔帕国家的政治发展做了较为完整而详细的阐述。但是，穆登奇在资料和证据并不充分的情况下把大津巴布韦和津巴布韦国家确定为莫诺莫塔帕国家的前身，这是值得商榷的。

五、 胡夫曼的认知考古学解释

托马斯·胡夫曼（Thomas N. Huffman）是一名美国考古学家，他曾在豹山和赞比亚的一些地方从事过考古发掘和研究的工作，从1971年起担任罗得西亚历史文物委员会调研员。尽管是一名专业的考古学家，但他似乎不像卡顿—汤普森之类的人那样冷静严谨。如卡顿—汤普森之类，多是有多少证据说多少话，同一个主题下，证据多就说得充分些，证据少就说得少一些，表现在著作上，就是内容常常显得不齐整，详略掺杂。而霍夫曼似乎总想要一个完整的体系，并且要年限分明，即便证据无法提供相应的支撑，但胡夫曼总是倾向于拒绝空缺。最为人所知的是，胡夫曼将整个南部非洲的时间文明纳入同一个体系，认为可以将南部非洲石建文明的发展分成三个阶段：第一个阶段以马旁古布韦为中心，年代为公元1220—1290年；第二个阶段以大津巴布韦为中心，年代为公元1290—1450年；第三个阶段以卡哈米为中心，年代为

1450—1820 年。[1]

关于大津巴布韦，胡夫曼使用了认知考古学(cognitive archaeology)的理论和方法进行阐释，这在当时是一种用于研究史前价值观和信仰的新学科，它会比较多地使用民族志的一些模型和手段，还会使用结构分析之类的方法，力求用理论把问题框架化。

1981 年，胡夫曼发表了《蛇与鸟：大津巴布韦的表达空间》一文，用他所谓的认知考古学和结构分析的方法对大津巴布韦进行了阐释。[2] 当时，他受到了很多学者的非议。于是，经过长时间的深入研究和思考，胡夫曼又在 1996 年推出了更加详细的《蛇与鳄鱼：古代津巴布韦的权力与象征主义》一书，寻求用人类学资料与考古数据进行比对，力求提炼模式、确定框架、填充内容，进而构建历史。[3]

以胡夫曼为代表的一些学者把班图人的居住模式按结构分为三类：街道模式(Street Pattern)、中央牛栏模式(Central Cattle Pattern)和津巴布韦模式(Zimbabwe Pattern)。不管是哪一种模式，都首先意味着不同的空间，而不同的空间除了涉及不同的点之外，还涉及将不同空间分隔开来的设置。包括大津巴布韦在内的南部非洲内陆的主要石建遗址显然都存在涉及多个不同点的多个不同空间，也显然都存在将不同空间分隔开来的设置。问题就在于，这些不同的空间各自意味着什么？对于这个问题，胡夫曼认为可以用民族志资料来进行比对推测，就是在观察和研究相关人群现存后裔相关情况的基础上结合考古数据来开展模拟还原。胡夫曼采用的民族志资料主要来自葡萄牙人的文字记录、绍纳人的习俗和口述资料以及被部分人认为与绍纳人关联密切的文达人(Venda)的习俗和口述资料。在胡夫曼看来，在进行一定数量的资料搜集和比对后，就可以构建一个模式，然后就可以用这个模式

---

① Thomas N. Huffman, Mapungubwe and the Origins of the Zimbabwe Culture, *Goodwin Series*, Vol. 8, African Naissance: The Limpopo Valley 1000 Years Ago, Dec. 2000, pp. 14 - 29.

② Thomas N. Huffman, Snakes and birds: Expressive space at Great Zimbabwe, *African Studies*, Vol. 40, pp. 131 - 150.

③ Thomas N. Huffman, *Snakes and Crocodiles: Power and Symbolism in Ancient Zimbabwe*, Witwatersrand University Press, 1996.

去套用性地解释特定的遗址。[1]

通过对相关民族志材料进行分析并将其与石建遗址的一些特征性部分结合提炼，胡夫曼给出了“津巴布韦模式”的基本内涵：“朝廷”和“宫殿”是政治活动的场所，也是神圣领导权的物质表现，这两类地方包含了诸多象征“山”和“水塘”以及“鳄鱼”和“蛇”的堆砌样式，不同的堆砌样式组合又表达出不同的权力机制：“水塘”中的“鳄鱼”代表支配性地位，“水塘”中的“蛇”和“山”上的“蛇”则分别代表对土地肥力和降雨的控制。围绕着权力掌控者、神圣领导权代表者的居所和活动地，还有很多相关人员如妻妾、随侍、平民等的居所和活动地，前者和后者会进行多种协同性居住和活动的组合。[2]

具体到大津巴布韦，胡夫曼认为其空间安排应是这样一种情况：“宫殿”、守卫、随从、“朝廷”、妻妾被安排在不同的但互相联系的空间里；“宫殿”的墙为一个神圣的统治者提供隔离保护，神圣的统治者在其掌握仪式权力的姊妹、兄弟和祖先魂灵协助下实施统治；次级领导人居住在“宫殿”外围的“小型宫殿”中，他们可以随时响应统治者召唤；平民居住在山下人员密集的地方，总体区域在经过划分后，分别以石围进行保护；部分地位稍高的人和部分妻妾也在山下，他们各自的住所具有独立的石围保护；整个城镇的生产生活会涉及多种活动，如生育、割礼等，这些活动会有专门的空间。

概而言之，大津巴布韦的山顶建筑是统治者住地和处理酋邦/国家事务的场所，谷地建筑部分则是平民、部分地位稍高人士、部分统治者妻妾的住地和从事部分劳动的场所，大石围则是举行重要仪式性活动的场所。而论及象征，胡夫曼认为，山顶建筑的矛状竖立独石象征着防护，大石围里的独石或独石组合象征着男性地位，塔状建筑以粮仓的意象象征土地肥沃丰产，各种砌石样式则通过“鳄鱼”“蛇”“山”“水塘”等

---

① Thomas N. Huffman, *Snakes and Crocodiles*: *Power and Symbolism in Ancient Zimbabwe*, pp. 4 - 13.

② Thomas N. Huffman, *Snakes and Crocodiles*: *Power and Symbolism in Ancient Zimbabwe*, pp. 103 - 122.

意象象征不同的力量、地位或者安全。[1]

在考古学家看来，胡夫曼似乎是在自说自话，他们为胡夫曼的推理或者说想象所“折服”；即便是超脱于考古学家之外、也会进行很多演绎的历史学家，其中也有人觉得胡夫曼似乎想得太多太远了。最易引起攻击的是胡夫曼的“分区分功能”框架，如按此框架，则山顶建筑部分、谷地建筑部分和大石围应是同时存在，但事实上很多具体的证据表明这种“共时性”无法成立。

有学者对在谷地建筑部分的一些石围中发现的中国瓷器进行研究，发现其年代属于中国明朝的弘治年间（1488—1505）。也就是说，按照胡夫曼的说法，大津巴布韦在 15 世纪中就已被弃，但事实上，在 15 世纪中之后，谷地建筑部分的一些石围仍然被某些人占用。因此，胡夫曼所谓的大津巴布韦的三块区域在承担不同功能的情况下共时存在的框架可能是有问题的。[2]

随后，又有人对山顶建筑部分进行了研究，通过对山顶建筑石墙的多种数据（长、高、宽、用石量）、建筑方法（弧连接方法、台阶、墙体支撑）、建筑风格、装饰特点等进行细致的分析，明确了各部石墙之间在时间先后、风格传承与变异等方面的关系，提出山顶建筑主要石墙部分的演变在公元 1000—1450 年间经历了五个阶段。这首先表明，山顶建筑部分并非一朝形成，而是经过了较长的时间，其中又多有变迁；其次，一些较后期的石围建筑呈现的是后期添加的特征，并非出于前期的规划；再次，不同点的石墙风格和分布格局有很大的不同。这都指向一点：单就山顶建筑而言，它经过了很多历时性的曲折变迁，绝非胡夫曼所说的某处建筑在某个同一的阶段发挥某种统一的功能。[3]

1998 年，也就是《蛇与鳄鱼：古代津巴布韦的权力与象征主义》这

---

① Thomas N. Huffman, *Snakes and Crocodiles: Power and Symbolism in Ancient Zimbabwe*, pp. 125 - 156.

② D. P. Collett, A. E. Vines and E. G. Hughes, The Chronology of the Valley Enclosures: Implications for the Interpretation of Great Zimbabwe, *The African Archaeological Review*, 10(1992), pp. 139 - 161.

③ Kundishora Chipunza, *A Diachronic Analysis of the Architecture of the Hill Complex at Great Zimbabwe*, Societas Archaeologica Upsaliensis, 1994.

部书出版后不久，比奇会同多名学者发表了一组文章，对胡夫曼的研究进行了批评。比奇批评说，胡夫曼的研究用被误读的文献、模糊的口述资料和不恰当的比较来构想和描绘一座城市，而按照胡夫曼的构想和描绘，这座城市的空间分配和使用居然在约两个世纪的时间里一成不变；其他学者也或多或少地支持比奇，或尖锐或平和地对胡夫曼提出批评意见，这些批评性的论点主要包括如下：首先，批评者认为，一个社会往往不会只有一套象征体系，蛇、鳄鱼之类的象征即便不是过于单一，也还是要考虑它们在不同语境中的不同意义；其次，对于用与文达人相关的资料来进行辅助，批评者认为，文达人和绍纳人的相似性和联系其实难以证实；再次，批评者认为，过去的绍纳人和现在的绍纳人的相似性和联系难以证实，并不能保证现在的绍纳人的象征文化体系和过去的就是一样的；最后，批评者明确而尖锐地指出，为了证明自己的观点和构想，胡夫曼对并不充分的资料进行了过多的剪裁拼接。①

应该说，胡夫曼付出了很大的努力，但他对大津巴布韦等石建的解读却是立足不稳，甚至虚无缥缈。考古数据不足是一个问题，民族志资料本身的质量、选用和解读是另一个问题，而民族志资料到底能在多大程度上与考古数据进行比对在理论和实践上都值得推敲。胡夫曼费尽心机地想建构出一个尽可能完美的“建筑综合体”，但这个建筑综合体所使用的“原料”“建筑方法”“体系安排”却都难称可靠。

在比奇等人看来，胡夫曼所津津乐道的“认知考古”，实际上是变成了“想象历史”。②

六、皮吉拉伊的“南赞比西国家体系”

进入 21 世纪后，以英诺森·皮吉拉依(Innocent Pikirayi)为代表的大津巴布韦历史研究新一代学者开始出现，他们一方面从考古方面

---

① David Beach, Cognitive Archaeology and Imaginary History at Great Zimbabwe, *Current Anthropology*, Vol. 39, No. 1, February 1998, pp. 47 - 72.

② David Beach, Cognitive Archaeology and Imaginary History at Great Zimbabwe, *Current Anthropology*, Vol. 39, No. 1, February 1998, pp. 47 - 72.

对过往的发现进行重新审视，另一方面则力图进一步完善围绕大津巴布韦的历史体系。

2001年，皮吉拉伊出版了《津巴布韦文化：南赞比西地区国家的兴衰》一书，这本书对大津巴布韦以及与之相关的石建遗存进行了完整而严密的演绎，构建了一个被称作“南赞比西国家”体系（Southern Zambezian States）的框架。所谓“南赞比西”（Southern Zambezia），是指津巴布韦高原及其周边地区；而所谓“南赞比西国家”，则是指在公元纪年开始后的第二个千年里在南赞比西地区出现的多个本土国家，主要包括马庞古布韦国家、津巴布韦国家、莫诺莫塔帕、托尔瓦和罗兹韦；石建的建筑和使用是南赞比西国家的共有特征，这一共有特征可以被归结为同一种文化：津巴布韦文化（Zimbabwe Culture）。皮吉拉伊用一个相对比较虚化的文化体系将诸石建遗址所涉及的政治经济实体统一起来，既避免了现实国家分野可能造成的争议，也使得以大津巴布韦为代表的石建遗址能构成一个宏大的体系，从而把南部非洲内陆石建文明史的书写演绎提升到了一个崭新的高度。[①]

按照皮吉拉伊的说法，“南赞比西国家”的开端是一些以放牧和种植为主业的群体：可能是在公元前150年左右时，第一批放牧牛和羊的人群出现在赞比西河以南的地区，他们主要使用石制品，能制造陶器；在公元第一个千年的初期，种植高粱、小米、豆子等作物和饲养一些牛的农业群体出现，他们是操班图语言的人群，会加工铁制品，有比较有力的经济、政治和社会组织，能够确保人口的增长和逐渐地向外扩张；到7世纪或8世纪时，与东南非印度洋海岸的贸易联系开始建立起来，南赞比西地区的居民开始出口象牙、黄金、铜、兽皮和奴隶。由于贸易繁荣的刺激，南赞比西地区的居民的生产开始出现分工，其中最突出的行当是猎人、矿业从业者和长途贸易商人。在贸易所获财富的基础上，相关人群的统治者越来越注重生活水平的提升，南赞比西地区居民

① Innocent Pikirayi, *The Zimbabwe Culture: Origins of Southern Zambezian States*, AltaMira Press, 2001.

的手工业、文化生活由此发展起来。①

到公元第一个千年末第二个千年初时，南赞比西地区的居民已是以绍纳语言为共同纽带的一个总体单一但内部颇为松散的联合体，他们在今博茨瓦纳东北、林波波河盆地中部和今津巴布韦共和国西南部一带建立了多个酋邦。一些酋邦利用地利，努力控制象牙、黄金、野兽皮毛等资源，并注意发展与东非海岸城镇之间的关系，由此逐步强大并脱颖而出，发展起复杂的国家组织形式，首先是在以马庞古布韦为中心的沙舍河—林波波河盆地（Shashe-Limpopo Basin），形成了以牛为本土经济主体、以象牙和黄金为对外贸易基础的经济体系，同时构建起商人占据主要地位、由酋长和国王统治的集权性政治架构，这一体系和架构存续的时间是公元 950—1280 年。②

而在以大津巴布韦为中心的地区，则是以牛为本土经济主体、以黄金和铜为对外贸易基础的经济体系，其政治架构则与马庞古布韦的一致，这一体系和架构存续的时间是公元 1290—1450 年。

皮吉拉伊认为，大津巴布韦脱胎于豹山文化，相关居民最开始主要是从事农业和养牛，而关于养牛，最突出的证明就是牛形俑的存在。相关人群在 10 世纪时从今津巴布韦南部和西南部地区进入到中南部地区，在大津巴布韦所在地区及其周边活动。大约在 12 世纪时，这一人群已积累了相当大的力量，从而控制了与东非海岸的贸易。这时，在大津巴布韦遗址所在的山地一带开始出现比较集中的居住社区，他们除了使用本土的产品外，也开始消费进口的商品。到 13 世纪时，这一人群的经济积累和政治集中进程加快，一个富有的精英阶层产生，他们使用当地花岗岩为原料建筑石墙，把自己的住所与普通居民的隔开。到约 1270 年时，一个复杂的城镇综合体的雏形已经出现。在这样一个紧密而有力的实体里，有长途贸易带来的财富，有得到投资和需求推动的本土生产，有通过对土地和牛群垄断而形成的中央集权体系，有基于亲

① Innocent Pikirayi, *The Zimbabwe Culture: Origins of Southern Zambezian States*, pp. 73 - 95.

② Innocent Pikirayi, *The Zimbabwe Culture: Origins of Southern Zambezian States*, pp. 97 - 122.

属关系、"封君封臣"关系等而形成的产品和服务的分配体系，有为了征税、控制贸易资源生产和贸易路线而形成的行政体系和强制力量体系，还有以宗教和仪式为载体的控制和凝聚体系。最终，大津巴布韦发展成为一个城市化的综合体，一个国家的中心。[①]

在皮吉拉伊看来，大津巴布韦遗址所代表的是一个城市。近世以来人们所看到的大津巴布韦遗址只是大津巴布韦城市的一部分而已，大津巴布韦城市实际上应是覆盖了一个更广大的范围，它在高峰时期的人口应有 11000—18000，它应是撒哈拉以南的最大城市之一。大津巴布韦城市有多个功能各异的组成部分，包括精英住区、仪式中心、公共论坛、市场、平民和工匠住区。大津巴布韦的山顶建筑部分应是最开始的精英住区，大津巴布韦早期的统治者应该住在山顶建筑部分的西片的石围，在这里发现的青铜矛头、铁铃、皂石鸟可能就是权威的象征。但随着人口数量的增长，山顶建筑的空间开始不敷使用，于是大津巴布韦的统治者就把住地移到了山下的大石围。而随着国家的进一步扩大、人口的进一步增长，大石围之外的地方也开始住人，部分是在大石围之外的几个小石围，而数量不断增加的平民则开始在大石围近旁的谷地扩散。皮吉拉伊认为，大津巴布韦城市的扩展和居民的扩散一度是一个不断强大的进程，但到了后期就变成是衰落的表现，山顶建筑的地位首先被弱化，大石围在其外围出现较小石围后也开始不再突出。[②]

皮吉拉伊认为，津巴布韦国家在强大时，能对周边地区实施控制性的影响，一些地方甚至由大津巴布韦统治者派出的总督治理，还有一些地方则是津巴布韦国家的附庸或者进贡者，但是这些地方的附属程度很难厘清。但是，可以推测的是，由于道路不便和交通落后，对较远地方的控制总是有难度的，中央强大时尚可以保持影响，衰落时则难以维持支配。到 15 世纪中叶时，大津巴布韦不再能有效控制高原地区和海岸之间的贸易，以卡哈米为中心的托尔瓦国家和北方的莫诺莫塔帕则

① Innocent Pikirayi, *The Zimbabwe Culture: Origins of Southern Zambezian States*, pp. 123 - 129.

② Innocent Pikirayi, *The Zimbabwe Culture: Origins of Southern Zambezian States*, pp. 129 - 140.

兴起，接过了与海岸之间贸易的控制权，津巴布韦国家由此衰落。关于托尔瓦和莫诺莫塔帕与津巴布韦国家的关系，皮吉拉伊认为，托尔瓦和莫诺莫塔帕是津巴布韦国家文化的继承者，也是津巴布韦国家商业网络的继承者。至于他们之间的政治关系，则尚待探究。①

在津巴布韦国家之后的莫诺莫塔帕国家、罗兹韦国家先是与葡萄牙人发生关系，既有冲突也有合作；在进入 19 世纪后，首先是有来自南方的恩古尼人族群的侵袭，后来又有欧洲殖民者的渗透和侵略，在难以克服的外来挑战之下，这两个国家最终衰亡。②

2008 年，沙德雷克·奇利库雷(Shadreck Chirikure)和英诺森·皮吉拉伊发表了一篇题为《石墙内外：再论大津巴布韦的物质文化》。该文对过往的考古数据和研究成果进行了再分析，特别是对石建本身的演变进行了重新考察，提出了一种可以被称作"权力中心转移"的观点，认为大津巴布韦的权力中心最开始是在山顶建筑部分，然后转到大石围部分，最后衰落时则是在谷地建筑部分。

这种"权力中心转移"的观点还得到了民族志资料的支持：按照包括绍纳人在内的东南非多支班图人族群的风俗，新统治者不会再入住已逝统治者的地方，因此统治者的住地总是要变换的，在较短的时段里，这可能意味着从一个茅屋或者石围到另一个茅屋或者石围，而在较长的时段里，则可能意味着从一个区域到另一个区域。③

奇利库雷和皮吉拉伊强调历时性的"权力中心转移说"，这可以被看做是继比奇后对胡夫曼的同期性的权力分配于不同空间的观点的又一次批评。然而，必须指出的是，胡夫曼的演绎固然多有"想象"，但皮吉拉伊的构建也难称客观。实际上，皮吉拉伊和胡夫曼双方也确实进

---

① Innocent Pikirayi, *The Zimbabwe Culture*: *Origins of Southern Zambezian States*, pp. 142 - 153.

② Innocent Pikirayi, *The Zimbabwe Culture*: *Origins of Southern Zambezian States*, pp. 157 - 244.

③ Shadreck Chirikure and Innocent Pikirayi, Inside and outside the dry stone walls: revisiting the material culture of Great Zimbabwe, *Antiquity*, Vol. 82, 2008, pp. 976 - 993.

行了一场辩论，但结果当然是谁也说服不了谁。[①]

七、 津巴布韦共和国的官方史学

围绕大津巴布韦，1980 年诞生的津巴布韦共和国也构建了自己的官方史学，我们可以从教科书中看到相关表述。

根据 2017 年版的中学历史教科书的说法，“大津巴布韦国家是津巴布韦高原上出现的第一个国家，其首都为大津巴布韦……绍纳人的祖先建造了大津巴布韦。大津巴布韦国家涵盖现代津巴布韦的大部分和津巴布韦之外的一些地方：据信，其东部边界延伸到印度洋，其西部边界远至卡拉哈里沙漠，赞比西河为其北部边界，林波波河为其南部边界。”[②]

为什么绍纳人的祖先要建造这么大的一座石头城？教科书称，对于这一问题，目前尚无清楚答案，但说法主要有如下几种：建造来作为防御设施；建造来作为宗教中心；建造来作为贸易中心或四方来人的交换市场；大石围为统治家族居住之地；建造来作为荣耀、权力和声望的象征。[③]

关于大津巴布韦国家兴起的因素，教科书称，对外贸易和养牛获得的财富是建造大津巴布韦的物质基础，建造大津巴布韦也是为了利用宗教力量提高整个津巴布韦高原的凝聚力，同时使统治者的统治更具合法性和神秘性。此外，大津巴布韦所在的地区花岗岩原料丰富易得、岩丘(kopje)易于设防、水土资源条件较好适合农业生产、草场资源丰富和没有萃萃蝇能支持牲畜养殖、野生动物资源丰富能提供可狩猎资源、草树资源丰富能提供建房材料、矿产资源——主要是铜、金和

---

① Thomas N. Huffman, Revisiting Great Zimbabwe, *Azania*: *Archaeological Research in Africa*, Vol. 45, No. 3, December 2010, pp. 321 - 328; Innocent Pikirayi and Shadreck CHirikure, Debating Great Zimbabwe, *Azania*: *Archaeological Research in Africa*, Vol. 46, No. 2, August 2011, pp. 221 - 231.

② Josiphat Gwezhira, David Mafara & Anyway Sadziwa, *Focus on History*: *Learner's Book*, *Form 1*, College Press, 2017, p. 62.

③ Josiphat Gwezhira, David Mafara & Anyway Sadziwa, *Focus on History*: *Learner's Book*, *Form 1*, p. 64.

铁——丰富能发展用于贸易和工具制造的矿业。[①]

关于大津巴布韦国家的政治、经济和社会方面的情况，教科书称，大津巴布韦国家的主要政治力量包括：国王、纳贡藩属、主要官员（王母、王妻、王婿、武装领导人）、灵媒；主要经济活动包括：采矿、饲养牲畜、农业种植、贸易、狩猎、征收贡赋，同时有采集、渔捞、制铁、纺织、制陶等；社会主要构成包括：王室家族、宗教领导人、贵族、普通民众。[②]

关于大津巴布韦国家的衰落，教科书称，主要是因为：严重的食盐短缺；环境资源耗尽；贸易路线向北转移，大津巴布韦的贸易中心地位被赞比西河以北的因贡贝伊莱德取代；国家范围过大，难以长期有效控制；以尼亚钦巴·穆托塔（Nyatsimba Mutota）为代表的重臣以及托尔瓦（Torwa）的分裂，前者带领追随者在赞比西河谷地区建立了莫诺莫塔帕，后者则在西南方形成托尔瓦国家。[③]

八、魏舒霍夫的“莫诺莫塔帕—津巴布韦文化”

除了考古学家和历史学者从考古和历史角度进行的构建外，还有一些人从人类学和文化史学的层面围绕大津巴布韦展开演绎。

1941 年，魏舒霍夫（H. A. Wieschhoff）出版了《南部非洲的津巴布韦—莫诺莫塔帕文化》一书。魏舒霍夫是一名德国人类学家，它曾探访大津巴布韦，还对分布在南罗得西亚以及周边的葡属东非（今莫桑比克）、塔提地区（Tati，今属博茨瓦纳，近津巴布韦共和国）境内的多处石建遗址进行了实地调查研究。

在实地调查研究的基础上，再结合相关欧洲旅行家的记录资料、石建遗址所在地土著的口头传说资料以及在他之前的考古研究成果，魏

① Josiphat Gwezhira, David Mafara & Anyway Sadziwa, *Focus on History: Learner's Book, Form 1*, pp. 65 - 66.

② Josiphat Gwezhira, David Mafara & Anyway Sadziwa, *Focus on History: Learner's Book, Form 1*, pp. 66 - 69.

③ Josiphat Gwezhira, David Mafara & Anyway Sadziwa, *Focus on History: Learner's Book, Form 1*, pp. 70 - 71.

舒霍夫对几个关键问题进行了回答：大津巴布韦等石建何时产生，魏舒霍夫认为要晚于14世纪，部分可能要晚至17、18乃至19世纪；大津巴布韦等石建是何人所建，魏舒霍夫认为应是黑人，但不排除这些黑人具有含米特人血统；大津巴布韦的建造者从何而来，魏舒霍夫认为他们是从北方来，这些从北方来的人既有班图人的部分，也有含米特人的元素；为何要用石头建筑，魏舒霍夫认为最根本的是因为南罗得西亚的石资源丰富而易得，当地人用它们来建筑，是一件很自然且并不难做的事，除了一些规模较大如大津巴布韦那样的石建外，很多分散在各地的规模不大的石建不过就是普通的村庄建筑而已；为什么以大津巴布韦为代表的石建文化后来没有延续，魏舒霍夫认为主要原因是绍纳人国家的分裂衰落以及持续的外部侵袭，使得需要充足且集中人力物力的石建文化难以维持。

魏舒霍夫除了就围绕大津巴布韦等石建的一些关键问题提出自己的见解外，还提出并阐释了“莫诺莫塔帕—津巴布韦文化”（The Monomotapa-Zimbabwe Culture）的概念。他论述了具体呈现“莫诺莫塔帕—津巴布韦文化”的政治和社会机制以及相应实践，包括“按规杀王”“王不可见”“王须独食”“王逝世应保密”“内婚制”等机制以及“王母政治地位”、酋长或国王超越性地位、酋邦或国家行政管理体制、剪除逝世之王的头发和指甲、献祭、王衔等实践。通过将这些机制或实践与亚洲等地的类似机制或实践进行比较研究，魏舒霍夫认为这些机制或实践应为非洲本土发生，从而从文化的层面进一步确认了大津巴布韦等石建的本土来源。在魏舒霍夫看来，不能因为外界有类似机制或实践就说非洲的相应机制或实践是传自外界。①

魏舒霍夫的研究尽管承认黑人的作用，但始终强调其中可能包含着“含米特人”的元素。魏舒霍夫的思考和批判其实反映了19世纪50年代之前的一种自然而然的对非洲的歧视，即便是证据确凿，他们也仍然要部分地不承认或者忽略黑人的原创能力，总是倾向于认为黑人的

① H. A. Wieschhoff, *The Zimbabwe-Monomotapa Culture in Southeast Africa*, George Banta Publishing Company, 1941.

“好东西”是别人给的或者教的，即便黑人有主动性，也常常是表现为黑人从非黑人那里“拿”或者“学”。

九、奇里库雷的生产—流通—消费体系构建

2019 年，奇里库雷发表了《新视野下的大津巴布韦政治经济》一文。该文以长期积累起来的资料和研究成果为基础，结合与绍纳人相关的口述资料、人类学资料、19 世纪欧洲人记录资料等，从生产、流通、分配、剩余、消费诸方面对大津巴布韦的政治经济生活进行了全面的构建。①

（一）生产

从生产方面来说，大津巴布韦所代表的社会有金属及金属制品生产、陶器生产、纺织品生产、皂石制品生产、石墙建设、牲畜养殖、农业种植以及狩猎等多种多样的活动。

金属冶炼和金属制品生产在大津巴布韦最为突出。在大津巴布韦遗址早期和后期的遗存中发现了铁、铜、锡的矿石、矿渣和制品，此外还有与冶炼加工相关联的鼓风装置、坩埚等；发现的铁制品主要包括锄、矛、斧、箭头、镯、环、铃等；铜制品、青铜制品、黄铜制品以及黄金制品多有装饰，有的本身就是装饰品或仪式用品——比如青铜矛头、金箔等。

陶器生产是大津巴布韦居民最重要的制造业生产活动。从对陶器进行的分析发现，其所使用的陶土多为与花岗岩地质关联的粘土，这表明了大津巴布韦陶器的本土性。而在公元 1000—1700 年间，大津巴布韦的陶器在形状、尺寸、表面处理、装饰方面呈现出较高程度的标准化和制式特征，这表明陶器生产在一段较长时间里具有连续性，既没有自己中断，也没有被外来因素打断。

纺织业是大津巴布韦居民主要的制造业生产活动之一。由于纺织

① Shadreck Chirikure, New Perspectives on the Political Economy of Great Zimbabwe, *Journal of Archaeological Research*, June 2019, https://doi.org/10.1007/s10814-019-09133-w.

品本身难以留下遗存，所以关于大津巴布韦纺织业的主要证据是一些陶土制的锭盘。值得注意的是，直到19世纪时，仍有绍纳人使用与大津巴布韦锭盘类似的装置纺棉。

皂石制品生产是大津巴布韦居民的特色产业。皂石原料可在离大津巴布韦10—30公里距离的范围内找到，皂石制品主要包括皂石碗、皂石鸟雕刻、小尺寸的皂石挂件、大尺寸的皂石柱等，其中一些皂石制品可能与政治地位和信仰活动有关。这些皂石制品除了雕刻成形加工外，还有多种多样的装饰，装饰的图案常常涉及作物、动物、带状纹、波状纹等。除大津巴布韦外，在大津巴布韦以北的一些石建遗址中也有皂石制品生产的痕迹。

石墙建设是一种包含高度复杂技术元素的生产活动，它涉及建筑设计、劳动力组织、原料获取与运输、建筑工程实施、建筑辅助装置或设备的制造与利用等。此外，在石墙之内还要规划和建造茅屋。大津巴布韦的未使用粘合剂的竖立石墙呈现的是较高的建筑工艺水平，大津巴布韦整体的规划也具备较高的复杂性，这可能表明大津巴布韦所代表的实体中存在专业或半专业的建筑师或建筑工群体。

牲畜养殖和农业种植是大津巴布韦居民基本的维持性经济活动。在大津巴布韦遗址的石墙区域和石墙外区域发掘获得了大量的动物骨骼遗存，既有家畜的遗存也有野生动物的遗存，其中家畜主要包括牛、山羊和绵羊，而牛最为重要，在大津巴布韦遗址中发现的牛骨数量最多，并且也找到了牛栏的遗存。在大津巴布韦遗址的发掘获得的作物遗存并不多，这主要是因为遗存本身难以保存，但早年罗宾逊的发掘获得过碳化的高粱籽，而高粱是南部非洲内陆在玉米传入之前最重要的作物之一。此外，多人的考古发掘都不同程度地发现了与粮食储存有关的谷仓遗存以及与粮食加工相关的磨石遗物。

狩猎是维持性经济活动的一个重要补充，也是获取贸易商品的一个途径。通过狩猎，大津巴布韦居民除了可以获得肉食外，还可以获得象牙、毛皮等用于交换。狩猎也是一项需要人员组织和工具设备的活动，特别是人员组织，可能需要动员全社群的人。

（二）流通与消费

从流通与消费方面来说，大津巴布韦居民内部有一个体系，同时也与外部体系相连接，使本土和外来的商品能够在这个体系中流通，并为相应的个人或群体所消费。从大津巴布韦遗址所发现的遗存遗物来看，有陶器碎片、动物遗存、碳化高粱籽、金属生产残余、金属制品、珠子、瓷器等。诸种商品或是用于大津巴布韦居民的日常生活，或是承担政治地位展现和信仰活动的功能。

在这些遗存或遗物中，部分有机质的遗存遗物可追溯至相应的商品，比如谷物、牛只、布匹、野生动物肉、动物毛皮等，但这些商品未能留下足够的痕迹，难以对其流通情况进行还原，但仍可以对其消费情况作一窥探。比如，在发现的动物遗存中，家畜——特别是牛——的遗存要多于野生动物的遗存，这表明大津巴布韦居民的牲畜养殖已发展至一个较高的水平，已能相对比较充分地供应肉或者奶。

陶器的流通与消费情况相对较为明晰。首先，陶器的原料主要是与花岗岩相关联的粘土，这表明了本土生产的特性；其次，综合大津巴布韦遗址及大津巴布韦之外相关遗址的情况，发现在一定地理范围内的陶器在形状、尺寸、表面处理和装饰方面存在一致性，在仪式使用方面也是如此，这一方面可能意味着由同一来源出发的流通，另一方面可能意味着陶器设计理念、生产技艺、陶器使用文化方面的传播。总体上，陶器的流通与消费表现的是一个统一的经济网络，也是一个内在一致的文化网络。

金属制品的流通和消费涉及金属矿石的采掘、运输和冶炼以及金属制品的加工、集散和使用等。大津巴布韦金属冶炼所用的矿石主要是来自本地，还有一部分可能是来自今南非北部和赞比西河以北地区，因此金属矿石本身就构成一个流通和消费体系。而在金属制成品方面，主要涉及对本土产的金属进行加工、对外来的金属制成品进行再加工，然后通过贸易、贡赐的方式进行流通。在消费使用层面，金属制品可能履行的功能包括工具、武器、装饰品、仪式用品乃至等价交换物、财富储存物等。

除有机质、陶器、金属制品之外，大津巴布韦居民还消费使用具有明确外部来源的珠子、瓷器等。这些外部来源商品的流通可能涉及由外而内以及在内部的多个环节和层次的转运，还可能涉及政治关系的交互、宗教信仰的维持等。

（三）生产—流通—消费体系的机制和基础

由多种产品的生产、多种环节和层次的流通、多种功能指向的消费构成的体系无疑需要相对比较有力有效的机制。

首先是生产、流通和消费的衔接机制。这一机制部分是可以自发产生并运转，但部分则还是需要权力机构的组织和维持，谁负责生产，谁负责流通，这应是有组织有安排的；而给哪些人消费，则除了基于相应人或人群的消费能力外，还要看相应人或人群的政治或社会地位。因此，整个的生产、流通和消费体系应该有一个或多个权力中心和各级权力机构来掌控，同时还受社会关系和观念的影响。

其次是人员组织机制。商品的生产和流通都需要劳工，这其中涉及土地整备和使用、原料获取与运输、产品制造、储存和集散，均涉及多人乃至多群体的协作。这种协作也是需要有一个或多个权力中心和各级权力机构来掌控，同时还要有相应群体的自身内部协调。

再次是生产资料的分配机制。这可能涉及农业土地、牧业土地和矿业土地的权益界定和分配，还可能涉及一些生产工具和设备的归属和使用等。

总体上来说，必须承认大津巴布韦所代表实体的复杂性。大津巴布韦所代表实体的政治经济是一个以家庭为基础的复合体，构成这个复合体的各种元素呈现出多种差异性，这些差异性既涉及自然条件，也涉及人，还涉及与外部世界的关系。大津巴布韦所代表的实体除了进行经济的管理外，还将政治的等级和宗教的观念体系纳入，使个人与集体、内部与外部以及不同人群或阶层之间形成结合与互动，最终构建了一个复杂的政治经济体系，并将这一体系维持了数百年。

第五章

挥之不去的“含米特论”

大津巴布韦在“被发现”之后，“含米特论”一度被看作是理所当然，没有争议，也无需论证。

麦基弗的研究发布后，一些人深感不满乃至愤恨，于是他们就对“含米特论”进行了进一步的论证和宣传推广；卡顿—汤普森的更完善、更有说服力的研究发布后，一些人仍然坚持“含米特论”，但却发现从学术上难以对卡顿—汤普森进行挑战。此后，出自南部非洲白人群体内部的罗宾逊、萨默斯等人的成果又来了一次否定；再后来，萨默斯和加雷克的基于考古研究的历史构建成果问世——“含米特论”似乎该就此消停了，但事实却并非如此，仍有一些人宣扬着各式各样的“含米特论”。

在众多坚持“含米特论”的“成果”中，有的仍然是讲求有理有据有逻辑，至少从表面上来看是在从学术的层面展开争论，特别是一些建筑专业人士的研究；有的则完全脱开了“考古”和“历史”的束缚，信马由缰，用文学乃至科幻的方式进行演绎。

或许可以说，科学研究的成果自有其说服力；但问题在于，绘声绘色的“含米特论”更容易深入大众人心。

一、弗莱彻的“神念”演绎

1941 年，一位长住在布拉瓦约的白人哈罗德·克拉克森·弗莱彻

(Harold Clarkson Fletcher)出版了《大津巴布韦的精神情境：一段真实记录》一书，这本书主要描述作者本人和一些降神灵媒(trance medium)在大津巴布韦遗址的游历、观察和感想，同时也包含作者与灵媒就大津巴布韦问题进行的讨论。①

在谈到为什么会对大津巴布韦产生兴趣时，弗莱彻称其中的一个触动是来自兰道尔—麦基弗。弗莱彻于1905年在布拉瓦约听了兰道尔—麦基弗的主旨为"大津巴布韦的建造不会早于14世纪、建造者是当地土著"的演讲后，对兰道尔—麦基弗深恶痛绝，觉得兰道尔—麦基弗冒犯了历史和罗得西亚白人，他甚至感觉永远都不想再靠近大津巴布韦遗址。弗莱彻称，说大津巴布韦是当地土著在不早于14世纪前建造就像在说英国的巨石阵是由征服者威廉带到英格兰一样，完全是荒唐的说法。②

在弗莱彻的书中有他的朋友欧文·莱切(Owen Letcher)写的一篇序言，莱切热切地赞扬弗莱彻。莱切明确表示，自己绝不会相信兰道尔—麦基弗教授和卡顿—汤普森小姐；他也跟弗莱彻一样，认为说大津巴布韦是在中世纪建造就像在说康瓦尔的德鲁伊牺牲石建(the giant Druidical sacrificial stones)是在诺曼征服时代建造的一样。③

弗莱彻并没有对大津巴布韦遗址进行研究，只是凭借自己的眼见、耳闻和冥想，然后把一些古代的故事与大津巴布韦关联起来，用一种宗教意味的口吻讲述大津巴布韦的"古老"和"浪漫主义特性"。弗莱彻认为大津巴布韦的建造者是来自古埃及地中海沿岸地区的一批人，他们受到赫梯人的迫害，历经千辛万苦才到达大津巴布韦所在的土地，然后他们就在这片土地上缔造了大津巴布韦和大津巴布韦文明。弗莱彻以宗教—迷信混合的方式切入，相信上帝的指引和在上帝指引下的感悟，把大津巴布韦理解为某种命定的存在。

弗莱彻的书可以说是一朵"奇葩"，它既不属于考古研究，也不属于

---

① H. Clarkson Fletcher, *Psychic Episodes of Great Zimbabwe: A True Narrative*, Central News Agency South Africa, Ltd., 1941.

② H. Clarkson Fletcher, *Psychic Episodes of Great Zimbabwe: A True Narrative*, p. xv.

③ H. Clarkson Fletcher, *Psychic Episodes of Great Zimbabwe: A True Narrative*, p. vii.

历史研究，但又不是单纯的文学作品。或者说，弗莱彻对考古和历史的研究均表示不屑，认为“神念”才是认识大津巴布韦最好的途径。

或许，我们可以说弗莱彻和莱切之类的人是荒唐的，还有之前的本特和霍尔，他们根本不是真正的学术研究者，既谈不上科学，也谈不上严谨。但是，对普通大众来说，恰恰是本特、霍尔、弗莱彻和莱切这样的人能吸引他们，恰恰是兰道尔—麦基弗、卡顿—汤普森这样的人没有市场。

其实，在弗莱彻同时期和前前后后，一直不乏各种关于大津巴布韦的浪漫主义演绎作品，这些作品代表了长期流行或者即便不再流行但仍有一部分人坚信的观念：不管怎样，黑人都不可能是大津巴布韦的缔造者。

二、怀恩赖特的“加拉人说”

1949年，杰拉尔德·怀恩赖特(Gerald Wainwright)发表了一篇题为《津巴布韦文明的缔造者》的文章，提出大津巴布韦的建造者与前伊斯兰时代的阿拉伯半岛人群有关系，但并不是直接关系，前伊斯兰时代阿拉伯半岛人群的影响应该是通过加拉人(Galla)地区传导到大津巴布韦所在地区的。怀恩赖特是一名考古学者，主要关注近东地区的考古；他同时也是一名考古事业资助人——可能正是因为这一点，所以他在当时的圈内颇受尊重。

怀恩赖特从马苏迪的记录出发，认为其记录中的僧祇人源出阿比西尼亚，后在索法拉立足，而正是这些在索法拉立足的僧祇人进入内陆建造了大津巴布韦。接着，怀恩赖特又从一些重要的名词特别是一些重要人物和人群的衔名比如“国王”“骑士”等出发，得出僧祇人祖先应是加拉人。而后，怀恩赖特又将加拉兰(Gallaland)及其周边地区的石建遗迹、石制遗存与大津巴布韦的进行比较，认为二者之间有较多的相似。

在“加拉人说”的基础上，怀恩赖特认为大津巴布韦的建造时间应在公元9世纪。①

怀恩赖特的“加拉人说”先入为主，不由分说地先认定大津巴布韦是出自外来人群之手，然后再从此去推是哪一群外来人。此外，怀恩赖特也没有去分辨马苏迪相关记录的所指和真实性。

怀恩赖特的文章发表后，一些学者提出了质疑。

J. F. 斯科菲尔德(J. F. Schofield)指出，首先，马苏迪记录中的索法拉具体指哪里，尚存争议，但如果是指现代莫桑比克的贝拉(Beira)所在的地方的话，那它应该是直到12世纪中时才被占据；其次，通过对考古所获的珠子进行分析和测量，发现它们都与较晚的时代相联系，多在9世纪后数百年；再次，并不能因为大津巴布韦的阳物状石雕与加拉人地区的阳物状物品相似，就认定二者之间有联系，毕竟阳物崇拜和与阳物相关的制品在很多地方都可以独立出现并存在；第四，把“椭圆庙宇”与南阿拉伯地区的崇拜相对照也被认为是有问题的，与阳物崇拜的问题一样，圆形建筑用于宗教或仪式在很多地方可以独立出现并存在。其实，斯科菲尔德本人也有一些“含米特论”的倾向，但他认为怀恩赖特的分析论证根本经不起推敲。②

G. W. B. 亨廷福德(G. W. B. Huntingford)指出，首先，没有证据表明在10世纪前有大规模的加拉人群离开索马里兰；其次，有证据表明加拉人直到16世纪中期时才开始骑马；再次，加拉人直到16世纪中期建立五个小型政治经济实体后才开始有国王；此外，加拉人确实有过数次迁徙，但一直是指向大湖地区北部，并没有大规模人群到达南至索法拉和津巴布韦高原的地方。③

不过，也有人支持怀恩赖特，一位名叫杰弗里斯(M. D. W. Jeffreys)的学者就从包括一种青铜护臂在内的一些器物出发，认为在南部非洲的一些班图语人群中仍能找到一些与东非海岸的物品相似的

---

① G. A. Wainwright, The Founders of the Zimbabwe Civilization, *Man*, Vol. 49 (Jun., 1949), pp. 62 - 66.

② J. F. Schofield, The Founders of the Zimbabwe Civilization, *Man*, Vol. 51 (Nov., 1951), pp. 162 - 163.

③ G. W. B. Huntingford, The Founders of the Zimbabwe Civilization, *Man*, Vol. 52 (May, 1952), pp. 79 - 80.

东西，而这些物品往往就是由西南亚通过加拉兰传至。[1]

杰弗里斯的套路也如早前的那些“含米特论”一样，就是围绕着少数的形似物品做文章，简单地认为相似就是有联系，而一有联系就指向从外部传入，进而又依据少量的外部元素来推导出整个体系都是外来的。

三、达特的“多重外来影响论”

1955 年，因发现“汤恩幼儿”（Taung Child）头骨化石而知名的雷蒙·达特（Raymond Dart）在当时的南罗得西亚土著事务部年刊（The Southern Rhodesia Native Affairs Department Annual）上发表了一篇题为《津巴布韦时代和前津巴布韦时代的外来影响》的文章。[2]

文章将一组来自木料和一组来自珠子的年代数据进行综合，提出大津巴布韦建造的时间可能是公元 6 世纪初。达特首先认为，这一年代不属于古代，也不属于中世纪，可以作为当时的“古代论”和“中世纪论”的一种调和；其次，在这一年代，班图语人群还没有抵达大津巴布韦所在的地方，因此大津巴布韦显然不可能是黑人建的。

达特从对一些文献的分析入手，认为与大津巴布韦相关的外来因素是由索法拉地区进入，这种外来因素的来源有三种可能：第一种可能是阿克苏姆王国的阿比西尼亚人，第二种可能是阿拉伯人，第三种可能是波斯人。他们都注重并擅长海外贸易，都在很早的时代就已经活跃于红海—印度洋区域，并且都曾在东非印度洋沿岸驻足或者立足。达特认为，对这三个群体而言，当其所在的东北非或者西南亚区域发生变故促使他们逃离或者迁徙时，东南部非洲会是他们的首选方向。

达特对在大津巴布韦遗址中发现的被认为代表生殖崇拜的石柱进行了分析，指出这种崇拜在从印度到东北非的印度洋北缘地区广泛存在，一些石制品上刻划的鸟、牛、植物的图案也能在印度洋北缘地区找

---

① M. D. W. Jeffreys, Zimbabwe and Galla Culture, *The South African Archaeological Bulletin*, Vol. 9, No. 36 (Dec., 1954), p. 152.

② Raymond A. Dart, Foreign Influences of the Zimbabwe and Pre-Zimbabwe Eras, The Southern Rhodesia Native Affairs Department Annual, No. 32, 1955, pp. 19 – 30.

到类似对应;此外,南部非洲的一些驯化作物和家畜的源头还可以追溯到印度和印度尼西亚,还有一些塔类建筑的起源也可以追溯到印度教和佛教。

达特还从血统种族的角度进行分析,认为马达加斯加和东非沿海的一些居民应与印度和印度尼西亚的居民相关联。达特认为,马达加斯加和东非沿海的一些居民带有一些亚洲乃至蒙古利亚人种的特征,而东非内陆地区的一些器物和文化也能在印度和印度尼西亚找到对应物,比如大湖地区的独木舟、东非和马达加斯加的"梯田"等。而且,在达特看来,南部非洲的布须曼人和霍屯督人实际上也包含有印度或者印度尼西亚人的血统。

此外,从语言学的角度进行分析的话,达特还表示能在黑人的语言中发现一些南阿拉伯的元素。

达特并没有确定大津巴布韦的建造者到底是谁,他的一个主要观点就是大津巴布韦的产生是印度洋贸易框架下多重外来影响的结果,参与印度洋贸易的主要实体都不同程度地影响了大津巴布韦文明的发生与发展,这种贡献体现在物质文化、精神文化、血缘、语言等诸方面。

达特的文章并不算长,但其所演绎的"多重外来影响论"却涉及考古学、历史学、文化史学、人类学、遗传学、语言学等多个方面。单就论证问题的层次来说,达特恐怕是过于扩大了些,因为他并不具备汇通这些学科的能力,甚至没有一个学科是他完全精通的。因此,单从论述的逻辑和行文来看,达特的文章可以说是旁征博引,但实际上也可以说是东拉西扯。

最致命的是,达特所预设的"公元6世纪"这个起始点是经不起推敲的——他并没有进行多少推敲,甚至压根儿认为不需要推敲。因此,达特的论证从一开始就是有问题的,一旦他预设的起始点被证明不成立,那他所有的论证就成了空中楼阁。

四、布鲁威尔的"腓尼基人说"

1965年,南非人安德烈斯·J·布鲁威尔(Andries J. Bruwer)出

版了《津巴布韦：罗得西亚的古代辉煌》一书，提出并论证了腓尼基人是大津巴布韦及其它众多石建缔造者的说法。①

值得一提的是，布鲁威尔既非考古学家，也非历史学家，他接受的是经济学和金融学专业的教育，长期任职于南非的经济管理和政策咨询部门。

布鲁威尔于 1963 年走访调查了包括大津巴布韦、尼扬加石建遗址群在内的 6 处石建遗址（群）。

在走访调查大津巴布韦后，布鲁威尔生出诸多疑问：是谁在这片广大的区域里开采了多达数百吨的黄金并从事铜、铁、锡矿的开采和冶炼从而留下了如此多的古代矿场遗存？他们如何、从哪里获取他们的食物？当生病时，他们就是在石建里修养吗？为什么他们要建如此规模的建筑？他们是什么时候决定要建这么大的一座复杂的“庙宇”的呢？他们是什么时候消失的？又为什么消失？他们在班图人越过赞比西河之前就已经在罗得西亚了吗？他们是被疾病消灭还是遭遇了野蛮人的入侵？……②

而在走访尼扬加石建遗址群后，布鲁威尔则确定，在尼扬加一定曾有令人叹为观止的石建活动，尼扬加是古代的农业中心，在那里，用粗玄武岩等砌造的梯田、堡垒、居住点、谷仓和水渠覆盖约 2500 平方英里的范围。这个古代的农业定居点应是与开普殖民地相似：开普殖民地的建立是为了为过往的荷兰东印度公司船只提供蔬菜等鲜食补给，而尼扬加则是为了供应大规模的采矿人群。③

综合自己的走访观察和对一些遗物的认识，布鲁威尔首先认定包括大津巴布韦在内的很多石建在建筑技艺和建筑风格方面都与腓尼基的建筑类似，其次认为如石柱、皂石鸟等物所涉及的应是仪式信仰活动并认为这些信仰活动脱胎于腓尼基人的信仰。布鲁威尔热切地支持以本特和霍尔为代表者的“含米特论”的观点和论证——其实，布鲁威尔

① A. J. Bruwer, *Zimbabwe: Rhodesia's Ancient Greatness*, Hugh Keartland Publishers, 1965.

② A. J. Bruwer, *Zimbabwe: Rhodesia's Ancient Greatness*, p. 10.

③ A. J. Bruwer, *Zimbabwe: Rhodesia's Ancient Greatness*, pp. 25 - 26.

在论证时所秉持的逻辑和所使用的资料数据并没有多少新意，他主要还是立足本特和霍尔的研究。布鲁威尔批评麦基弗和萨默斯的研究，认为麦基弗和萨默斯既不能明确哪一群人是建造者（即便有观点说是绍纳人是建造者，但仍无法明确是哪一支绍纳人），更无法说明为什么这群人要建石建。

布鲁威尔强调，腓尼基人是一个航海贸易民族，而在外建立殖民地也可以说是腓尼基人的习惯性做法，东南非也不过是腓尼基人在海外建立的殖民地之一。布鲁威尔认为，腓尼基人先后遭遇波斯、马其顿等力量的征服，后又臣服于罗马等的统治，在这一过程中，一些人不断地向外流散，以寻找新的家园。而由于在不同的时代接受过波斯、希腊、罗马等的文化影响，所以腓尼基人带给东南非的元素也包含了这些元素。按照布鲁威尔的论证，腓尼基人在东南非建立殖民地的年代应是在“旧时代”向基督教时代过渡期间。

布鲁威尔进一步还提出了东南非被殖民的四个阶段，第一阶段由腓尼基人主导，年代约为公元前 332 年至公元前 64 年，大津巴布韦即是在这一时期兴建；第二阶段为公元前 64 年至公元 632 年，这一阶段见证了腓尼基人殖民地在东南非的扩张，除罗得西亚外，莫桑比克、博茨瓦纳、南非等地也开始出现石建，这就是腓尼基人扩张的见证；第三阶段为公元 7 世纪中至 12 世纪中，腓尼基人在东南非殖民的时代终结了，继之而起的主要是阿拉伯人的活动；第四阶段为公元 12 世纪中至 19 世纪末，这一阶段见证了班图语人群的扩散，而古代的文明就是淹没在了野蛮的班图语人群中，直到白人到来，重新将其“发现”。

总的来说，布鲁威尔的“腓尼基人说”在论证上并无新意，但他所构建的东南非被殖民的四个阶段的体系却是颇为严整，并且也能为白人占领和统治南部非洲创造“合法性”，因此在罗得西亚白人当局乃至整个南部非洲的白人群体中都很有市场和影响力。

五、 穆兰的“阿拉伯人说”

1969 年，一位名叫詹姆斯·穆兰（James Mullan）的人自行印发了一本名为《津巴布韦的阿拉伯建造者》的论著。[①]

穆兰认为阿拉伯人是大津巴布韦的建造者，但后来这些阿拉伯人不断地与黑人通婚，使阿拉伯人的血液不断被稀释，其相应的超越于黑人的能力也不断降低。不过，阿拉伯人的元素仍然存在，一个叫伦巴人(Lemba)的族群可能是其后代。

穆兰表示，自己最开始是因为在德兰士瓦地区的传教站与伦巴人接触后发现他们与阿拉伯人有些相似之处，然后对他们有所关注。后来他开始关注大津巴布韦的问题，因为说大津巴布韦是阿拉伯人所建也是一种被提及较多的观点。当时，考古学者已利用测年技术获得了几个年代数据，其中一个数据在公元 8 世纪至 9 世纪之间，穆兰就从这个数据出发展开演绎，他认为“古代外来族群说”太早，“中世纪本土说”又太晚，8—9 世纪这个年代，与阿拉伯人关联最合适。

穆兰并非一个专业的考古学者，也谈不上是一个历史学家，他跟早年的本特、霍尔等人比较类似，虽然非专业，但对学术探究有较浓厚的兴趣。而就是这样一个人，却对卡顿—汤普森和萨默斯等专业的考古学家评头论足。

穆兰的书结构混乱，论述散而无当。然而，这样的书却也能够造成不小的影响，为一些不愿深究也不能深究的猎奇者津津乐道。

六、 盖尔的《津巴布韦文明的起源》

在 1958 年后的坚持“含米特论”的著作中，罗伯特·盖尔(Robert Gayre)的《津巴布韦文明的起源》应该是最为全面最为深入的一部。不管其结论如何，至少其论证是颇费了些心思的，要远强于之前的各种“含米特论”著作。[②]

在《津巴布韦文明的起源》一书中，盖尔首先着眼于非洲东半部整体的地理和气候，认为从北到南的人口移动没有太大的障碍。早期，苏

---

① James E. Mullan, *The Arab Builders of Zimbabwe*, published by James E. Mullan, printed by Rhodesia Mission Press, 1969.

② Robert Gayre, *The Origin of the Zimbabwean Civilisation*, Galaxie Press, 1972.

丹和非洲之角是古埃及和西南亚文明的延伸之地，而随着苏丹和非洲之角地区的干旱化，这些地方的人们就往西往南，不绝如缕地在大陆中南部的热带草原上扩展，而其中一部分就沿着裂谷一直到达罗得西亚所在的土地。[①]

盖尔罗列分析了15、16世纪前外部世界与东部非洲交往的记录，指出在这些记录中没有关于存在较大规模的班图人国家的内容。可以确定的是，东地中海以及西南亚世界与东部非洲的联系是早就存在的，东地中海和西南亚世界的人们对非洲广大内陆地区的黄金、奴隶、活体动物、象牙、木材等保持着长期的兴趣和需求，古埃及人、古希腊人、腓尼基人、波斯人以及阿拉伯半岛居民等一直与非洲中南部内陆地区有着直接或间接的联系，希腊罗马世界的古典著作家和商人、阿拉伯旅行者以及更晚一些的欧洲旅行者等对此均有或多或少的记录，而在这些记录中找不到能证明津巴布韦大型石建文明的设计和建造者是班图人的证据。[②]

盖尔论证认为，在赞比亚和罗得西亚的矿产开发早在班图人抵达之前就已出现，因为这里的黄金、铜等在公元纪年开初时期就已经输往外部世界；而矿产开发工程大、周期长，这就催生了季节性的营地和长期性的定居点，如果采矿者是来自外部世界，那么他们就可能带来外部世界的植物和作物。盖尔列举了一些在白人立足之前就已存在的外来植物，比如在一些石建遗址所在地存在的来自阿拉伯、波斯、印度、锡兰、印度尼西亚等地的野棉花、柠檬、水稻、茉莉、芋头、香蕉等。综合起来，盖尔认为，来自阿拉伯、阿比西尼亚、波斯、印度、印度尼西亚的白色、棕色或者黄褐色皮肤的人们在公元纪年开始的时期里就进入包括罗得西亚在内的中南部非洲采掘黄金，而那些石建遗址就是这些人们的季节性营地或者长期性定居点。[③]

盖尔对津巴布韦石建文明相关的一些物品和文化元素进行了分析，认为他们要么来自外部世界，要么明显受到外部世界的影响。比如

① Robert Gayre, *The Origin of the Zimbabwean Civilisation*, pp. 15–17.

② Robert Gayre, *The Origin of the Zimbabwean Civilisation*, pp. 24–45.

③ Robert Gayre, *The Origin of the Zimbabwean Civilisation*, pp. 49–57.

纺织品，盖尔认为中南部非洲的班图人并没有纺织方面的技术，因为他们穿的要么是皮张，要么是树皮布——而如果是纺织品的话，可以肯定都是来自外部世界；比如在大津巴布韦遗址发现的皂石鸟，盖尔首先承认它是某种重要的象征物，但认为很难确定它们是不是出自黑人之手，因为类似的物品并非大津巴布韦独有，比如埃及就有象征荷鲁斯神的鹰头权标。此外，还有一些乐器、风俗、饮食文化等，也都能在阿拉伯世界、非洲之角、马达加斯加等地找到相似物。盖尔甚至通过一些地名和石建遗址名的发音来进行猜测，比如“Kariba”，盖尔认为是来自示巴王国的一位祭司王的名字“Kariba-ili-Water”；“Khami”，盖尔认为是示巴语言中有“保护”含义的“Hamaya”；“Dhlo-Dhlo”，盖尔认为是来自阿拉伯人的月亮神祭坛名“Dhu-Alam”。①

盖尔从巨石文明的角度将津巴布韦石建文明与欧亚世界的石建文明进行比对，他称：“如果津巴布韦石建文明在欧洲和近东被发现，那么考古学家会毫不犹豫地将其归入巨石文明的范畴”。② 盖尔认为津巴布韦石建的圆形或椭圆形形制是欧亚才有的，黑种人虽然有圆形的茅屋，但从未在未受外来影响的情况下建造过石制圆形或椭圆形建筑；大津巴布韦石建有木制门设置，而黑种人的茅屋从来就没有木制门；大津巴布韦呈现了多种垒石方式，包括人字形平行堆砌（herring-bone pattern）、线状堆砌（cord or rope pattern）、格子状堆砌（chequered pattern）、V 形线状堆砌（chevron pattern）、花边状堆砌（dentelle）等诸多建造工艺性特征在欧亚普遍存在，但在黑种人居住的非洲地区，这些工艺仅在像大津巴布韦这样的孑遗中存在；大津巴布韦的石墙、神庙、防御设施等基本结构反映的也是欧亚广泛存在的巨石建筑的基本结构。③

盖尔论证了示巴王国或者也门地区政权作为一个海上力量的能力，它们是南部非洲矿产资源的开发者，也是缔造津巴布韦文明的重要

① Robert Gayre, *The Origin of the Zimbabwean Civilisation*, pp. 59 – 69.

② Robert Gayre, *The Origin of the Zimbabwean Civilisation*, p. 71.

③ Robert Gayre, *The Origin of the Zimbabwean Civilisation*, pp. 71 – 87.

推动力量，而伦巴人可能是这些缔造者在津巴布韦留下的后裔。[①]

那么，示巴王国或者也门地区政权又是如何缔造或推动缔造津巴布韦文明的呢？盖尔首先以埃塞俄比亚文明为例，认为埃塞俄比亚的法拉沙人（Falasha）、科摩罗群岛的黑肤色犹太人（Black Jews）以及阿姆哈拉人都是希伯来文化传统的发散分支，他们影响并融入了示巴王国的发展。这些人在埃塞俄比亚和东非一些地方留下来的文化遗存与津巴布韦文明有相似之处，就像埃塞俄比亚文明是受到来自东地中海世界和西南亚的影响一样，津巴布韦文明也是如此。[②] 盖尔也提到了努比亚的文明，认为努比亚是另一个受到东地中海世界和西南亚影响的非洲范例，它也可以用来与津巴布韦文明作比对。[③]

盖尔批判了认为班图人是津巴布韦文明缔造者的理论。盖尔指出，既没有充分的记录证明大津巴布韦是由班图人建造，也没有充分的记录证明它不是由更文明的人群建造。盖尔表示，如尼扬加那样规模宏大的灌溉梯田和其它分布广泛的大型石建遗址，都意味着要有相应规模的有组织的农业活动，以此为前提，则任何坚持认为成规模的石建文明是由班图人独立缔造的观点都是不负责任的。班图人和任何其他黑种人的文明都没有以石建为特征者，黑种人不具备建造大型石建的技术知识，也没有相应的劳动力规模和组织。特别是灌溉，它不属于任何黑种人文明。在盖尔看来，世人至少必须承认关于津巴布韦石建文明有很多问题是无法回答的，这个“无法回答”本身就否定了“班图人缔造”这一理论。[④] 盖尔表示，一群只会用植物茎枝建屋的人忽然被一群理论家赋予建造巨石建筑的工程和技术能力，并且这种能力的获得前无演进后无延续，盖尔认为这是荒谬的，某些学者不应不负责任地谈班图人的“奇迹”。[⑤]

盖尔称，如果把大津巴布韦放在世界范围内的石建文明框架中去

---

① Robert Gayre, *The Origin of the Zimbabwean Civilisation*, pp. 88 - 92.

② Robert Gayre, *The Origin of the Zimbabwean Civilisation*, pp. 93 - 97.

③ Robert Gayre, *The Origin of the Zimbabwean Civilisation*, pp. 98 - 100.

④ Robert Gayre, *The Origin of the Zimbabwean Civilisation*, preface.

⑤ Robert Gayre, *The Origin of the Zimbabwean Civilisation*, p. 205.

看，就会发现在欧亚石建文明广泛存在，而在非洲如大津巴布韦者却只是孤例。于是人们就很自然地可以问：为什么以大津巴布韦所在地区为核心的东南非内陆，偏偏这块地方能有这么令人惊叹的石建文明，而其他地方却没有？进一步的话，如果这片地方确实得天独厚，这里的人们确实有很高的文明水平，那为什么那些石建最终成了一种遗存的废墟而没有延续下来？那些当年设计和建造石建的人们难道没有后裔吗？如果说绍纳人或者卡兰加人是那些人的后裔，那为什么他们没有石建而只有茅屋呢？①

盖尔将津巴布韦文明中呈现的鸟象征崇拜、阳物崇拜、月亮神崇拜、圆柱或圆锥形仪式塔等与东地中海世界和西南亚的古文明进行对比研究，强调其凸显的是东地中海和西南亚世界特征而不是中南非班图人世界的特征。②

盖尔考察了罗得西亚古代矿业的情况，他强调金矿业对于津巴布韦石建文明的支撑作用，并指出罗得西亚古代的金矿业应具有较大的规模，且持续了较长时间。盖尔认为，简单的湿地淘金是不可能形成规模也更不可能持续较长时间的，必须有矿井开挖深采，而没有证据表明班图人有能力和需要做这样的事。一位白人矿业工程师曾在 1897 年作出这样的估计：罗得西亚境内约有 75000 处古矿场，由这些矿场中采出的原矿石约 4300 万吨，共产金约 21637500 盎司。而没有证据表明阿拉伯主导时代的晚期和葡萄牙人时期有这么大的产量，因此这些古矿场的活跃使用年代应在此之前——而如果是在阿拉伯人和葡萄牙人之前的时代的话，那班图人显然不具备相应的技术能力、劳动力供给和组织能力、加工冶炼能力、储存能力以及贸易集散能力。③

盖尔考察了在大津巴布韦遗址发现的外部输入商品和手工制品，主要包括中国的青瓷、波斯的陶器、阿拉伯的玻璃以及来自威尼斯、埃及、希腊等地的珠子。根据对各件物品的年代测定和研究，它们所代表的年代区间为 13 世纪末到 15 世纪末 16 世纪初。盖尔认为，这个年代

---

① Robert Gayre, *The Origin of the Zimbabwean Civilisation*, pp. 108 - 118.

② Robert Gayre, *The Origin of the Zimbabwean Civilisation*, pp. 138 - 159.

③ Robert Gayre, *The Origin of the Zimbabwean Civilisation*, pp. 177 - 183.

是大津巴布韦文明与外界贸易繁荣的时期，也是大津巴布韦本身繁荣发展的时期，但在此之后大津巴布韦就衰落了。[①]

盖尔认为，津巴布韦文明的外来缔造者最初处在稀疏游荡的布须曼人和霍屯督人族群之间，相对比较安全；但随着班图人迁徙的推进，这些人们不得不加强防卫，建设更大规模、更强固的石建。[②] 盖尔认为，津巴布韦文明的缔造者最早的是示巴人或者其他西南阿拉伯地区的族群，然后 6 世纪时一批离开故土的犹太化的示巴人加入，将石建文明进一步推向繁荣。总体而言，犹太化的示巴人是津巴布韦文明发展背后的主要推动力量。[③]

盖尔认为，津巴布韦文明缔造者的血液仍然流淌在东南非内陆的相关居民群体的身体中，在南非东北部的伦巴人和某些绍纳人的身上能找到与东北非、西南亚人群相似的特征。特别是伦巴人，被认为具有犹太人的血统，并且他们的宗教文化有一些犹太人的特征。总体上，盖尔认为，罗得西亚的土著居民中就有含有亚洲血统者，并且他们不但将亚洲血统扩散开来，还将亚洲文化的一些东西传播开，他们与作为主要缔造者的示巴人相混合，奠定了津巴布韦文明的基础。[④]

盖尔通过综合多人的研究成果和测年数据，对津巴布韦石建文明的发展编年进行了推定：在班图人尚未在东南非内陆立国之前，外来的某个族群就已在这里立足，并开始依自然条件建立起相对较简易的石建；大规模石建的建设开始于公元 7 世纪，特别是山顶卫城，而这时应该是出现了来自北方的侵略压力。

盖尔认为大津巴布韦文明的衰落是由黄金生产的下降、内部人口问题以及外部攻击共同导致。黄金生产的下降主要是当时表浅地带黄金开采殆尽，而那时的人们并没有能进一步深挖开采的设备和技术；黄金生产下降导致的经济衰落使得支撑大规模人口越来越困难，与此同时不断南来的班图人族群也构成越来越大的压力——他们从最开始通

---

① Robert Gayre, *The Origin of the Zimbabwean Civilisation*, pp. 185 – 196.

② Robert Gayre, *The Origin of the Zimbabwean Civilisation*, p. 122.

③ Robert Gayre, *The Origin of the Zimbabwean Civilisation*, p. 126.

④ Robert Gayre, *The Origin of the Zimbabwean Civilisation*, pp. 128 – 136.

过提供劳动力和贡品来依赖大津巴布韦文明统治者变成了大津巴布韦文明所在地的主导者，而血统的混合也在这一过程中发生，大津巴布韦文明的缔造者和维系者最终泯然于班图人之中，伦巴人是带有示巴人血统的最典型族群，卡兰加人与伦巴人融合最多，而其他绍纳人中也有一部分能找到亚洲人血统。①

大津巴布韦衰落后，莫诺莫塔帕、罗兹韦兴起，他们只是占据了大津巴布韦存在的土地，而并非大津巴布韦文明的缔造者。葡萄牙人在与莫诺莫塔帕人接触时，大津巴布韦就已经存在；在葡萄牙人的记录里，莫诺莫塔帕人不但没有住在大津巴布韦，而且似乎对大津巴布韦没有兴趣，更谈不上重视和敬畏，莫诺莫塔帕人并不认为大津巴布韦属于自己。②

盖尔对麦基弗进行了批判：麦基弗根据遗存的外部物品的情况推定罗得西亚石建文明属中世纪或中世纪之后，但盖尔认为一些石建文明其实是在古代建造，但一直延续到中世纪乃至更往后的年代；麦基弗认为，石建内呈现的是黑人的居住模式，但盖尔认为居住者并不一定就是建造者，再或者那些黑种人居住者可能只是住在那里的劳工，而说到石建内的居住模式，其实并不是黑人独有，一些亚非语言族群也有类似的居住模式；麦基弗认为，石建内遗存的物品是非洲式的，但在盖尔看来，与第二个问题一样，还是可以说居住者并不一定是建造者，而所说的物品是非洲式的也是不确切的，一些亚非语言族群也使用同样或类似的物品；麦基弗认为，津巴布韦石建文明在16世纪初时确立，但在麦基弗观点提出约半个世纪之后对一件遗物所做的测年表明它属于公元400—600年，而这时在津巴布韦的班图人群体似乎还没有能力和需要建造大规模的石建。

盖尔认为卡顿-汤普森的考古研究也存在问题，她测获的一些遗存物品的年代有的是正确的，但也有一部分不正确并为后来的更完整、更科学的测量所纠正。③ 而且，卡顿—汤普森等人的考古工作由于考古

① Robert Gayre, *The Origin of the Zimbabwean Civilisation*, pp. 197 - 204.

② Robert Gayre, *The Origin of the Zimbabwean Civilisation*, pp. 205 - 211.

③ Robert Gayre, *The Origin of the Zimbabwean Civilisation*, pp. 101 - 107.

遗址本身被破坏而存在明显的缺陷。此外，盖尔也对以萨默斯和加雷克为代表的学者进行了批评。

盖尔认为，考古也只是历史研究资料的一种，它可以起到非常重要乃至支撑性的作用，但单纯依靠考古资料进行推断显然是不对的，是对考古研究的一种滥用，更是对考古研究的一种不敬。盖尔指出，罗得西亚的考古研究和民族志研究总体来说还非常不发达，在这种情况下，几个考古学家忽然进来，在短暂的时间里进行了一些发掘和研究，然后以此为基础得出结论。就以大津巴布韦为代表的石建文明而言，这些杰出的考古学家更应该是新入的求知者，而不是全知全能的权威。

盖尔指出，班图人是津巴布韦石建文明缔造者的理论扭曲了很多事实，在这里进行的考古工作本身的公信力也受到了很多的伤害，要扭转这一局面，还有非常多的更精确、更科学的工作要做。[①] 盖尔的口吻一如批判"含米特论"者的口吻，后者同样也可以说：含米特人群是津巴布韦石建文明缔造者的理论扭曲了很多事实，在这里进行的很多非考古工作本身的公信力也受到了很多的伤害，要扭转这一局面，还有非常多的更精确、更科学的工作要做。实际上，坚持班图人起源者和坚持"含米特论"者谁也说服不了谁，因为一些人从一开始就没有打算过要说服对方，他们只是自说自话，或者为了某种特殊的目的而固执己见。

七、 马洛斯的"奴隶圈禁论"

1984 年，威尔弗里德・马洛斯（Wilfrid Mallows）出版了《大津巴布韦的秘密：一种新的解读》一书。[②]

马洛斯是一名受过专业教育的建筑师，他出生于英国，后往南非，曾在南非威特沃特斯兰德大学（University of the Witwatersrand）任城市与区域规划专业教授。

在《大津巴布韦的秘密：一种新的解读》中，马洛斯声称自己从建

---

① Robert Gayre, *The Origin of the Zimbabwean Civilisation*, pp. 212 – 221.

② Wilfrid Mallows, *The Mystery of the Great Zimbabwe: A New Solution*, W. W. Norton & Company, 1984.

筑学、考古学和历史学三个角度对大津巴布韦进行了研究，以此来“解码”大津巴布韦。

对于大津巴布韦的各个部分，马洛斯从城建规划和建筑学的角度进行了比较详细的描述，同时也提出了一些疑问，比如从城建规划的角度来说，在大津巴布韦没有发现与之相关联的集中的成规模墓地，如果说大津巴布韦代表一个“大国”或者一个“大城”的话，那么这一点就很难解释；还有从城建规划的角度来说，马洛斯认为大津巴布韦规模颇大，这是一般的维持性经济不需要也无法支撑的；再比如河谷建筑部分，它所在的土地更适合用作农业土地而不是用来建房居住，而黑人在这一方面是有自己的智慧的，为什么他们偏偏要在适合种植的地方建房呢？此外，马洛斯还特别关注了大津巴布韦的出入口和通道部分。从规划的角度来说，如果说大津巴布韦代表一个“大国”或者一个“大城”的话，那少得可怜并且小得可怜的那些出入口实在让人难以理解，通道同样也是如此。

基于这些从规划和建筑层面的分析，马洛斯认为大津巴布韦更有可能是一个圈禁人口的场所，而不是一座适宜居住的、开放的城镇。

那么，圈禁的是什么样的人呢？

马洛斯认为，早期应有一些外来的人群在东南非内陆采掘金矿，他们使用奴隶劳动，各种石围应是圈禁这些奴隶的。后来，这些采金者发现单纯的出卖奴隶要比采金更有利可图，于是就开始专门掠奴。这些被掠的奴隶会有一段时间“暂存”在内陆，然后达到一定数量后再运往海岸。越来越多的奴隶需要越来越多的空间，这就是更多的石围和最终的大石围建起来的基本动力。

设定“大津巴布韦主要是圈禁奴隶的建筑”这一出发点之后，马洛斯又从阿拉伯历史出发，称阿巴斯王朝曾在9世纪上半叶时因贾特人(Jat)的减少和消失而面临劳动力短缺的问题，于是相关方面就开始大规模地从东南非输入奴隶。在此之前，大津巴布韦所在的地区已经被纳入印度洋贸易体系，但只是一个黄金输出地，而在出现如此巨大的奴隶需求后，采金者自然而然地就选择了“转型”。另一方面，由于大规模奴隶需求明显地有利可图，一些印度人、波斯人等也参与进来。

通过上述分析,马洛斯得出的结论是:大津巴布韦是由以阿拉伯人为主导的人群建立的,但同时也有亚洲其他相关人群的元素,这在大津巴布韦的建筑和遗物中都可以找到证据;大津巴布韦建筑主要是用来圈禁奴隶,当然也包含控制这些奴隶的人居住活动的地方;大津巴布韦的奴隶圈禁最初主要是指向矿业,后来则直接就是服务于掠奴贩奴;而大津巴布韦的衰落和最终的被弃,直接因素是一度爆发的奴隶需求逐渐降低,间接因素则是贸易路线的逐渐向北方转移。

八、 帕菲特的"犹太—伦巴人说"

图德尔·帕菲特(Tudor Parfitt)是一名具有多重身份的人,他从事历史的研究和写作,也爱好旅行和探险,主要的关注对象是世界各地的犹太社区。他曾关注埃塞俄比亚的法拉沙人(Falashas)——"黑犹太人"(black Jews)——并撰写相关文章,后来又在南部非洲旅行调研,开始注意伦巴人。伦巴人自称是犹太人,并称自己是大津巴布韦的建造者。

帕菲特发现,伦巴人的一些习俗包含一些闪米特特征,比如崇拜圣山、用动物做牺牲、杀动物时举行仪式、有饮食禁忌、实施隔离、实行内婚制等。伦巴人的很多传说也说自己是犹太人,称他们的祖先是从一个叫"塞纳"(Sena)的神秘城市出发来到非洲的,他们在多个地方停驻,然后在每一个地方都会尽可能地建造与故乡塞纳相似的定居点或者城镇,而大津巴布韦就是其中之一。后来,伦巴人在大津巴布韦里做了一些违背神则的事,于是他们就离开了大津巴布韦,任其废弃。[1]

帕菲特先在南非的伦巴人社区进行调研,那里的人跟他说:"我们出自以色列祖先,我们来自塞纳,我们越过海洋,我们能够制造精美的铁器、金器和陶器。在一路南下穿越非洲的过程中,我们售卖我们的手工制品。开始时,我们有牛,有城市,我们是自由的。但是牛死了,我们

---

① Tudor Parfitt, *Journey to the Vanished City: The Search for a Lost Tribe of Israel*, St. Martin's Press, 1992.

又变穷了。但是我们都长得美，我们有美丽的长长的犹太人的鼻子，我们的面部轮廓让我们觉得自豪。”[①]

有伦巴人讲述从犹太人到伦巴人的变迁：我们先是被称作犹太人，然后被称作法拉沙人，然后又成为伦巴人。我们不吃猪肉，不与“外邦人”通婚。[②]

一位伦巴人知识分子对帕菲特说，我们的祖先到达非洲的东海岸。他们离开海岸后，就往内陆走，在内陆建造了津巴布韦的大石头城。帕菲特问他有何种证据，他说，第一个证据是他们的父辈这么说的；第二个证据是在大津巴布韦遗址中发现的一些遗物与伦巴人的相似，比如割礼工具、陶器、金器、鸟形雕刻等，他举例称，伦巴人文化中有通过鹰防御敌人的元素，而大津巴布韦中的皂石鸟呈现的也是鹰，包含的也是抵御敌人的元素，特别是那些与石柱为一体的皂石鸟；第三个证据是在大津巴布韦所在的地区仍存在伦巴人群体，他们是大津巴布韦的守护者。关于伦巴人为什么遗弃并离开大津巴布韦，这位伦巴人知识分子称，有一次 10 个部落的伦巴人在大津巴布韦集会，其中一个部落冒犯了亡者的坟墓和神，他们吃了老鼠这种不洁的东西，然后，他们就只能离开大津巴布韦，到另外的地居住。这位伦巴人知识分子一再强调伦巴人是犹太人，称在南非和津巴布韦有很多伦巴人，他们组成一个秘密社会，有自己的“暗语”，是一群神秘的人。[③]

后来，帕菲特又到大津巴布韦所在地区的一个伦巴人村庄进行调研，那里的一位长者跟他说：“我们的祖先来自北方。他们来自‘洪济’(Hundji)。当我们屠宰牲畜时，我们望向北方；当我们埋葬死者时，我们让他们的头朝向北方。犹太人是我们知道的第一批人。我们的祖先是穆斯林，也是以色列人。我们也是犹太人。犹太人像我们一样行割

---

① Tudor Parfitt, *Journey to the Vanished City*: *The Search for a Lost Tribe of Israel*, p. 9.

② Tudor Parfitt, *Journey to the Vanished City*: *The Search for a Lost Tribe of Israel*, p. 11.

③ Tudor Parfitt, *Journey to the Vanished City*: *The Search for a Lost Tribe of Israel*, pp. 30 – 33.

礼……我们在其他人之前看到月亮，当我们在水中看到月亮时，我们感谢祖先，是他们告诉了我们秘密——‘犹太人的秘密’。”①

就伦巴人与大津巴布韦的关系，帕菲特又与包括胡夫曼在内的一些考古学家进行了交流，还跟当时在大津巴布韦遗址从事管理和研究工作的一位考古学家进行了讨论，后者告诉他，首先，编年证据不支持大津巴布韦是建于很古老的年代；其次，并不只伦巴人一个族群声称自己跟大津巴布韦有关系，很多绍纳人族群也会这么说，因为大津巴布韦已经被塑造为某种较发达文明的象征。但是，帕菲特通过举一些与含米特世界相似的器物为例，并援引内陆与海岸贸易的证据，追问是否有外来影响的问题，但并没有得到明确的答案，双方还围绕一些问题发生了争论，不过都说服不了对方。②

值得一提的是，帕菲特还访问了前罗得西亚当局领导人伊恩·史密斯(Ian D. Smith)，询问他关于大津巴布韦到底是谁建的看法，并询问他围绕大津巴布韦的争论到底在多大程度上受到种族政治的影响。然而，首先，作为白人种族主义者的史密斯当然不会认为大津巴布韦是出自黑人之手；其次，面对当时黑人多数统治当局对白人的打压，史密斯很自然地批评黑人在这个问题上的操弄，而绝不会去反思自己在当政时也曾如此。③

帕菲特主要是通过调研访谈的方式获取资料，他的访谈看起来很公平公正：既访问能提供口头资料者，也与考古学者交流；既听黑人的说法，也听白人的说法——但是，其实这些人，每一个都是坚持己见者，都是自说自话。所以，帕菲特并没有从多角度搜得的资料中提炼出统一的说法，而是把好几种说法一并摆了出来。而作为关注犹太人的学者，帕菲特又显然是倾向于伦巴人——“黑犹太人”——起源的。

---

① Tudor Parfitt, *Journey to the Vanished City: The Search for a Lost Tribe of Israel*, p. 192.

② Tudor Parfitt, *Journey to the Vanished City: The Search for a Lost Tribe of Israel*, pp. 209 - 215.

③ Tudor Parfitt, *Journey to the Vanished City: The Search for a Lost Tribe of Israel*, pp. 215 - 216.

第六章

超越大津巴布韦

大津巴布韦无疑是南部非洲最引人注目的石建遗址，但它并不是一个孤立的存在。单纯从数量上来说，大津巴布韦不过是约 20000 处石建遗址的其中之一；从规模和影响力来看，能与大津巴布韦相提并论的也有几处。

人们必须把大津巴布韦放在整个南部非洲石建文明的框架中去考察。一方面必须明白的是，只关注大津巴布韦而忽略其他石建遗址的研究是不完整的；另一方面也要看到，对其他石建遗址展开尽可能多、尽可能深入的研究也有利于推动对大津巴布韦问题的认识和解决。

一、 围绕卡哈米石建遗址的研究

卡哈米石建废墟是津巴布韦共和国境内除大津巴布韦之外的又一处比较重要的石建遗址，并且也被联合国教科文组织列为世界文化遗产。

19 世纪末 20 世纪初时，人们在对大津巴布韦表示兴趣的同时，也对卡哈米有过关注，比如在大津巴布韦早期探索和研究中最为关键的霍尔和兰道尔—麦基弗，他们都对卡哈米进行过一些研究，但大多数人仍然是把目光放在大津巴布韦上。

（一）罗宾逊的研究

1938 年，卡哈米被纳入国家文物名录；1947 年，南罗得西亚自然和历史遗产保护委员会(Commission for the Preservation of Natural and Historical Monuments and Relics of Southern Rhodesia)指派罗宾逊为主导的考察队,开始在卡哈米进行考古发掘和调查,这项工作一直持续到1955年。①

从自然条件来说,卡哈米所在的区域并不适合进行具备一定规模的、持续的农业生产,虽然有一条卡哈米河,但整片地区岩石太多,可种植作物的土地往往小块分布于山石间,土地本身也很贫瘠;相对而言,开展牧业的条件要好一些,此外这里的可狩猎野生动物也比较多。②

卡哈米遗址的石建废墟主要可以分成14块,其中第一块(Ruin No. 1)位于一处山顶。在这处山顶可以俯瞰卡哈米河流过,从山脚到山顶有依山而建的梯级石墙和三个出入口,从下往上的通道有两片木柱残留,表明可能通道上曾有遮盖顶棚;在山顶上,有三个平台区,其中有一处半圆形的居所遗址,被认为应该是重要人物的"寝宫"。除了山顶部分外,其他主要的废墟包括第四块(Ruin No. 4)和第九块(Ruin No. 9),前者被认为是一座粮仓,后者则在一处陡峭河岸上,位置较低,后来部分被卡哈米水库淹没。③

在卡哈米遗址发现的遗物主要包括:陶器及陶器碎片,本土的陶器除了罐、锅、碗、盘、杯等器皿外,还有牛形俑、野生动物形俑、陶管、陶纺盘等,外来的进口陶器则数量较少,仅是些碎片;各类珠子,有玻璃珠、贝壳珠、铜制珠、青铜制珠、黄金珠、木制珠和骨制珠,其中金属珠往往是附着在环或者镯上;多种金属武器和用品,包括铁箭头、铁矛头、铁战斧、铁锄、铁制鱼钩、铜刀等;此外,还有量较少的象牙制品、石制品、

---

① K. R. Robinson, *Khami Ruins: Report on Excavations Undertaken for the Commission for the Preservation of Natural and Historical Monuments and Relics, Southern Rhodesia, 1947 - 1955*, Cambridge University Press, 1959.

② K. R. Robinson, *Khami Ruins: Report on Excavations Undertaken for the Commission for the Preservation of Natural and Historical Monuments and Relics, Southern Rhodesia, 1947 - 1955*, p. 5.

③ K. R. Robinson, *Khami Ruins: Report on Excavations Undertaken for the Commission for the Preservation of Natural and Historical Monuments and Relics, Southern Rhodesia, 1947 - 1955*, pp. 14 - 24.

木制品和贝壳等。[①]

根据当时研究的情况，罗宾逊认为卡哈米遗址所在地区最早的居民应是豹山文化居民，卡哈米遗址本身所代表的实体应该是罗兹韦国家，同时还可能与文达人（Venda）有关。至于与大津巴布韦的关系，罗宾逊认为卡哈米是大津巴布韦的外围扩散形式，或者说，卡哈米是源出于大津巴布韦，两者的山顶建筑部分可能就是这种联系的一个证明。至于卡哈米遗址的年代，罗宾逊认为山顶建筑开始建造的年代应是 17 世纪末 18 世纪初，它应该是莫诺莫塔帕国家扩张或影响至这一地区的一个结果。[②]

（二）沙德雷克等人的研究

在罗宾逊之后，又有加雷克和胡夫曼等人对卡哈米进行了考察，但并没有投入过多的关注，基本上是把卡哈米放在大津巴布韦的框架中展开研究。

2018 年，塔旺达·姆昆德（Tawanda Mukwende）和沙德雷克等人综合多种证据，特别是围绕物质文化进行考察，对卡哈米的年代、手工生产和经济等问题进行了比较全面的阐释。他们认为，在卡哈米石墙地带和无石墙区域等多种环境条件下发现的遗物表明卡哈米的生产是一种以家庭为单位的生产，这种生产主要包括牲畜养殖、陶器制造、农业、金属加工和象牙加工；卡哈米所在地区之外的物品和海外物品的发现则呈现了卡哈米对当地以及区域性经济的参与；新获得的放射性测年数据则表明，卡哈米从 14 世纪末开始就已经是一个重要的中心。总体上来说，首先应肯定卡哈米是南赞比西地区的一个重要的政治和经济实体，其次应明确卡哈米达成这种重要地位的时间明显地要早于以

---

① K. R. Robinson, *Khami Ruins*: *Report on Excavations Undertaken for the Commission for the Preservation of Natural and Historical Monuments and Relics*, *Southern Rhodesia*, *1947 – 1955*, pp. 122 – 158.

② K. R. Robinson, *Khami Ruins*: *Report on Excavations Undertaken for the Commission for the Preservation of Natural and Historical Monuments and Relics*, *Southern Rhodesia*, *1947 – 1955*, pp. 108 – 121.

前所认定的 15 世纪中以后。[1]

也就是说，卡哈米文化到底源出何处，与大津巴布韦又是何种关系，可能需要进一步探索考量。

二、 围绕尼扬加石建遗址的研究

（一）尼扬加石建遗址的基本情况

与大津巴布韦、卡哈米的集中度较高不同，尼扬加遗址涉及的范围非常大，大约为 2000—3000 平方英里；在大片的范围里，石建遗存大大小小，一处一处，数量众多；石建遗存本身在形制方面也具有独特性，除了石墙、石围外，还有道道石堆隔出或砌成的“梯田”“坑屋”“水渠”“堡垒”“石冢”等。

其中最具代表性的两种形制是“梯田”（terrace）和“坑屋”（pit structure）。

“梯田”遗迹保存最好、规模最大的是兹瓦遗址（Ziwa Ruins）。这里所谓的“梯田”并不是我们惯常认为的高低层次分明、储水排水功能设置巧妙而完善的梯田。具体的情形一度被猜想成这样：一群人在一片多石的土地上开垦种植，首先是对地上的石头进行捡拾清理，这些石头都在近旁堆起来，每清理出一片土地，在这片土地的周边就会形成一道石墙，然后人们就在石墙内的土地上种植作物。随着年月的推移和人口的增加，这种清理出来的小片土地会越来越多，而一道道一圈圈的石墙也会越来越多。在这些田地和石墙中，又会有人畜混居的坑屋和一些通道和公共场所。于是，一大片成体系的石建综合体就出现了。从高空来看，圈圈道道的石墙在高低不平的地表上呈现出恰如梯田的形式。

---

① Tawanda Mukwende, Foreman Bandama, Shadreck Chirikure and Robert T. Nyamushosho, The Chronology, Craft Production and Economu of the Butua Capital of Khami, Southwestern Zimbabwe, *Azania: Archaeological Research in Africa*, Vol. 53, No. 4, 2018, pp. 477 - 506.

“坑屋”是由一圈茅屋围绕一个圆形坑的建筑综合体：首先是一圈茅屋，最大的茅屋属于男性家主，相邻的茅屋一边属于家主的男性子嗣，另一边是粮仓，还有一部分茅屋则是属于女眷。在茅屋环绕的中间地带是一个圆形的坑洞，有一条斜坡通道从平地上通入坑洞，而在坑洞底边与斜坡通道相对的部位，则有一个排水排污口。坑屋建筑综合体从整体的形制和功能安排类似于近世南部非洲一些地方的“牛栏”(kraal)，被认为呈现的是一种与牛栏相似的人畜混居模式。坑洞被认为是圈养小型牲畜的，这些牲畜日间在外放牧，晚间则被赶回来，从通道进入坑洞。在通道上方的家主茅屋内，有一个可插抽闸板的槽口，这被认为是用来控制牲畜进出坑洞的。

（二）对尼扬加石建遗址的早期调查

19 世纪末 20 世纪初时，一些在尼扬加活动的白人殖民者提及石建遗存的存在，但并未多加关注，因为很多遗存的规模都比较小，堆砌工艺粗糙，一处一处遗存也比较分散，如果没有办法实施鸟瞰的话，则很难看出总体的格局和体系。因此，单就一处一处的遗存来说，它们不像大津巴布韦那么引人注目。

1905 年，兰道尔—麦基弗在前往大津巴布韦之前访问了这一地区，并进行了一些初步的调查研究。兰道尔—麦基弗总结说，尼扬加的石建遗址有两大特色，一是有类似水渠的建筑结构，二是有用石头围住的浅坑，前者被认为是作输水灌溉用，后者则被认为是住屋。兰道尔—麦基弗认为，尼扬加在过去曾是一个农耕发达的地区，那里有较大规模且生活较富裕的人口。在辛勤耕种土地的同时，这些人也要防范劫掠者，因此连他们的住屋都具有一定的设防构造。此外，他们还会在较高的地方建造堡垒，以备在住屋也不安全时逃入避难。①

兰道尔—麦基弗特别对集中度最高、规模最大的兹瓦遗址(Ziwa Ruins)——当时被称作“范涅科克遗址”(Van Niekerk Ruins)——进行了调查、测量和发掘，大致摸清了遗址的整体格局和个体石建的特

---

① David Randall-MacIver, *Mediaeval Rhodesia*, pp. 1 - 13.

征，同时还获得了陶器、铁制品等遗物。兰道尔—麦基弗把兹瓦遗址的石建分成四类：堡垒、小型要塞、石墙住所、石围。兰道尔—麦基弗认为，这些石建是出自黑人之手，并且这些黑人与20世纪初的当地人有密切的亲缘关系，20世纪初的当地人的居住模式与石建遗存一致，他们所使用的日常物品也与在石建遗存中捡获或发掘的物品类似。兰道尔—麦基弗明确指出，兹瓦遗址的建造和存续没有任何东方或者欧洲的影响，它完全是本土的产物。①

兰道尔—麦基弗也就尼扬加石建遗址和大津巴布韦的关系进行了推论，他认为尼扬加石建遗址是在大津巴布韦之前，大津巴布韦遗址与尼扬加的石建遗址没有本质的不同，大津巴布韦遗址有对尼扬加遗址的模仿学习，但在此基础上有提升扩大。②

1930年前后，弗罗本纽斯携魏舒霍夫等对尼扬加石建遗址进行了调查。弗罗本纽斯将罗得西亚所有的石建文化都归入印度来源，尼扬加的也不例外。弗罗本纽斯就兹瓦遗址作出评论，认为那些所谓的"梯田"应该是用于农业种植的，但其实整个地区并不是很适合进行农业种植——对此，有人提出批评，认为弗罗本纽斯关于农业种植的常识不够。③

魏舒霍夫也认为尼扬加的梯田主要是农业设施，并且认为尼扬加应该一度是一个实施集约型生产的农业区。不过，魏舒霍夫也有疑问：当地人已不再使用这些"梯田"设施。梯田设施显然是历经劳苦才建成，并且又代表一种比较高级的农业技术，为什么就不被后来的人使用了呢？④

（三）萨默斯对尼扬加遗址的调查和研究

萨默斯在1949年至1951年间在尼扬加对多处遗址进行了调

---

① David Randall-MacIver, *Mediaeval Rhodesia*, pp. 14 – 34.

② David Randall-MacIver, *Mediaeval Rhodesia*, p. 84.

③ Roger Summers, *Inyanga: Prehistoric Settlements in Southern Rhodesia*, Cambridge University Press, 1958, p. 8.

④ H. A. Wieschhoff, *The Zimbabwe-Monomotapa Culture in Southeast Africa*, pp. 23 – 25.

查、发掘和研究，首次对尼扬加石建遗址进行了比较全面而系统的论述。

萨默斯将尼扬加的石建遗存分为如下几类：梯田及梯田间的通道、水渠、坑屋、石围、堡垒、小型要塞、独立存在的巨石。在这些遗存中，萨默斯认为最典型的是坑屋、堡垒和梯田。[①]

萨默斯对四类遗址进行了发掘，分别为：年代在石建出现之前的遗址，相关遗存被认为属于铁器时代，主要在 6 块区域开展了工作，但经过试掘后被认为研究价值不高；高地遗址，主要在 8 块区域开展了工作，每块区域选定的发掘点附近都有明确可见的石建遗存，涉及堡垒、坑屋、岩洞等；范涅科克遗址，在这里的工作是重点，主要是对 3 处梯田遗存、9 处石围和茅屋遗存、2 处设防山丘遗存以及 2 处铁加工遗存进行了发掘、调查和研究；尼扬加村北部的遗址，主要是对一些石围、茅屋、独立巨石和炼铁制铁遗存进行了发掘、调查和研究。此外，萨默斯还对 3 处避难地遗址进行了调查和研究。[②]

在尼扬加遗址找到的遗物主要包括：金属制品，主要是少量铜制品、青铜制品和一些铁制品如矛头、箭头、刀、手指琴琴键；陶器和其他粘土制品，主要是一些碗、锅、杯形式的器皿或者器皿碎片、陶俑、陶管；石制品，主要有用来磨粮食的磨石、被认为是用来给耕作挖掘工具加重的钻孔石块和洗刷石（washing stones）；珠子，除了与东海岸贸易相关联的贸易珠子外，还有少量用贝壳制作的珠子；还有少量骨器。除遗物外，还有一些动物遗存，涉及的野生动物包括犀牛、斑马、多种羚羊、野牛、疣猪、豪猪、龟等，涉及的家养动物主要是牛，再就是人的残骸遗存。[③]

关于尼扬加遗址早期的情况有很多模糊的地方，特别是各种形式的石建到底分别作何用，也难以厘清。可以肯定的是，尼扬加地区从非常久远的时代起就有人居住，此后又有从外部进入的居民，虽然可以推测他们是属于班图语人群，但相关证据并不充分；或者说，只能说他们

---

① Roger Summers, *Inyanga: Prehistoric Settlements in Southern Rhodesia*, pp. 11 - 25.

② Roger Summers, *Inyanga: Prehistoric Settlements in Southern Rhodesia*, pp. 26 - 125.

③ Roger Summers, *Inyanga: Prehistoric Settlements in Southern Rhodesia*, pp. 126 - 172.

是农业种植者，曾一度与早前居民融合，但同时也与东海岸存在贸易关系。萨默斯将这一时期的文化称作“兹瓦文化”（Ziwa Culture）。从遗址的分散和遗物发现较少这两点来推断，萨默斯认为“兹瓦文化”集中存续的时间可能并不长，这一方面可能是因为兹瓦文化居民本身的流动性，另一方面可能是因为外来人群造成冲击，使兹瓦文化居民被迫流散。在兹瓦文化之后，又有新的人群从多个方向进入，但他们都属于绍纳语人群。这些人主要是养牛者，但也有羊、猪等小牲畜；这些人有独特的信仰体系，有较为复杂的社会结构和酋长体制，同时他们还会建造石建。进入 19 世纪后，姆法肯战争造成的冲击席卷尼扬加，这种冲击直到白人殖民者到来后才得到遏制。①

（四）索珀对尼扬加遗址的调查和研究

1993 年至 1998 年间，在多方资金支持和专业协助之下，东非英国研究所（The British Institute in Eastern Africa）和津巴布韦大学合作对尼扬加遗址群又进行了一次调查、发掘和研究，合作项目的主持人为罗伯特・索珀（Robert Soper）。

整个项目分五步展开，首先是航拍，接着进行地面调查，然后是发掘，第四步是对相关遗存遗物进行年代测定，第五步则是对遗址进行分类分析。②

索珀及其团队认为，在尼扬加存在一个复杂层次较高的农业工程和农地使用系统。农业工程由梯田、田垄和水沟组成，这些农业工程分布在一片总面积约 5000 平方公里的范围内，其规模在撒哈拉以南非洲地区可谓少见，并且它们还涉及在前殖民时代的撒哈拉以南非洲同样少见的土壤保持、给排水等层次较高的农业实践。而具体到农业种植活动，则基本的模式仍然是“刀耕火种”和轮耕，但却可能涉及多种多样的作物以及间植、灌溉、粪肥施用等。总体来看，尼扬加石建遗址群所代表的农业已经是一种相对较集约的农业，无论是对水土的保持和利

---

① Roger Summers, *Inyanga: Prehistoric Settlements in Southern Rhodesia*, pp. 310 – 314.

② Robert Soper, *Nyanga: Ancient fields, settlements and agricultural history in Zimbabwe*, The British Institute in Eastern Africa, 2002, pp. 4 – 8.

用还是对农业工程的投入，都能在不同程度上呈现出这种集约型的特征。索珀等人也看到，一些梯田所在地方的土壤条件和供水条件并不是很好，而所谓的集约型生产更多地像是一种不得已而为之，因为没有那么多的土地和水资源可供利用。索珀及其团队认为尼扬加“梯田文明”的居民可能是一群难民或者躲避某种威胁的人。[①]

索珀及其团队进一步扩大了调查研究范围，其分析更为细致，其推论也更为系统、清晰。但从遗存遗物的发现和研究情况以及得出的总体结论来说，索珀及其团队的成果与萨默斯其实并无二致，因为二者面临的问题是同样的，那就是相对于范围如此广泛的遗址来说，遗物数量严重不足；而在数量不足之余，遗物还无法提供充分的关于年代、社会组织以及与外界关系方面的信息。

（五）克利津格的调查研究及若干争议问题

从萨默斯到索珀，尼扬加的石建遗址群实际上仍没有得到确切的界定，但总的一点是强调其农业社会的特征。然而，21 世纪初时，津巴布韦共和国地质调查局的一位退休工作人员安·克利津格（Ann Kritzinger）又给出了新的解释。

克利津格在从自然科学的角度进行调查后，提出尼扬加“梯田”所在区域的土壤和供水条件并不适合大规模农业种植活动，并认为辛苦清理石头只为小块贫瘠土地的做法难以解释。而实际上，早在众多学者认定尼扬加的“梯田”属农业设施之前，就有植物学家提出，粗玄武岩地带的“梯田”的草植被很稀疏，其土壤层也很薄，而且本身梯田所在地区的山坡也比较陡，因此从耕作的角度来说，梯田所在地区的农业条件并不是很吸引人。克利津格又进一步从地质和采矿等角度进行分析：首先，尼扬加所在的地区存在金矿；其次，对一些从梯级石建中取来的石头进行的化学分析表明一些石头与含金矿石相关联；再次，文献资料中有关于有人在尼扬加开采和处理金矿的记录。因此，所谓的“梯田”

---

① Robert Soper, *Nyanga*: *Ancient fields, settlements and agricultural history in Zimbabwe*, The British Institute in Eastern Africa, 2002.

并非农业设施，而是采矿活动的遗存。①

与此同时，对“坑屋”等建筑的功能的质疑和争议也一直存在，特别是对“坑屋”，研究基本确定应属于人畜混居模式中的牲畜圈养设施。但是，这些所谓的圈养牲畜的“坑”也有很多问题：坑洞一般都比较小，似圈养不了多少牲畜；坑洞的斜坡出入口往往比较低矮窄狭，一般的山羊绵羊进出都很困难，更不论体型较大的牛——有研究提出确实存在过一种体型较小的牛；坑洞的排污排水口比较小，且高低设置不科学，似无法有效或者根本无法排污排水，在降雨较多的情况下，坑洞很有可能成为一个蓄水池，如此一来，不但牲畜会泡在水里，坑洞边的茅屋似也会受到影响。此外，“坑屋”中的“坑”一定是圈养牲畜的吗？早期的研究者实际上有很多的解释，有的认为它们是用来“圈禁奴隶”的，有的认为它们是“淘金池”，有的认为它们是在某些危险发生时给妇女和儿童躲避的，有的认为它们是储水池或者食物储藏地库等。②

对于“坑屋”，克利津格也给出自己的解释：在尼扬加的自然条件下，“坑屋”从建筑所需工人工时的角度来看并不经济，因为更合理的方法应该是“筑墙”而非“挖坑”，而坑屋的实际构造特别是入口和排水设置等也不适合圈养牲畜，因此，它们更有可能是与斜入矿坑关联的竖井。这种竖井一方面可与斜入坑共同构成对整个地下矿井的支撑体系，另一方面可便于起送泥土岩石和矿石。此外，竖井的排水问题也可以通过与斜入矿坑相连来解决。③

尼扬加石建遗址群涉及地域广大，形式多样，而相应地对它们进行的研究仍有很多不到位的地方，而且，无论是“梯田”还是“坑屋”，都是暴露在外的存在，在考古学家对其进行调查、发掘和研究时就已经有了

---

① Ann Kritzinger, *Laboratory Analysis Reveals Direct Evidence of Precolonial Gold Recovery in the Archaeology of Zimbabwe's Eastern Highlands*, in proceedings of 9th International Mining History Congress, Johannesburg, 17－21 April 2012.

② Robert Soper, *Nyanga: Ancient fields, settlements and agricultural history in Zimbabwe*, The British Institute in Eastern Africa, 2002, pp. 89－92.

③ Ann Kritzinger, *Laboratory Analysis Reveals Direct Evidence of Precolonial Gold Recovery in the Archaeology of Zimbabwe's Eastern Highlands*, in proceedings of 9th International Mining History Congress, Johannesburg, 17－21 April 2012.

很多的毁坏，这也是导致调查研究困难和结论模糊的重要原因之一。因此，尼扬加石建遗址代表的到底是一种较发达的农业生产生活模式还是可以有其它解释，还有待进一步的探索。

三、围绕马庞古布韦石建遗址的研究

马庞古布韦遗址位于今南非境内，在沙舍河和林波波河交汇处，在地理上属于沙舍—林波波盆地。

马庞古布韦遗址实际上包括三个点：舒罗巴（Schroba）、K2、马庞古布韦。以这三个点为中心划定的“马庞古布韦文化区”（Mapungubwe Cultural Landscape）——或称“马庞古布韦国家公园”（Mapungubwe National Park）——是南非的世界文化遗产之一。

20 世纪 20 年代末 30 年代初时，南非的一些白人开始关注马庞古布韦遗址，有人在那里发现了一些黄金制品，包括金珠、金盘碎片和金制装饰品。随后，南非政府对遗址进行了保护，一些学者则开始进行初步的调查、发掘和研究，相关工作断断续续持续到 20 世纪 70 年代，大量的数据逐渐积累起来。

马庞古布韦被发现之初，有学者就给出了初步的推论：首先，德兰士瓦北部存在较多的中世纪石建居住点遗存，它们的建筑技法及其所呈现的文化属于津巴布韦文化；马庞古布韦文化的创建者是操班图语的人群，他们会冶炼和加工铜、金和铁，掌握制陶技术，拥有家畜，能种植花生、豆类、瓜和小米等作物，就族群所属和亲缘关系来说，他们应该与绍纳人和索托人有较多联系；马庞古布韦文化居民拥有很多进口物品，特别是来自东方的各种形式和颜色的珠子以及中国的瓷器，而对这些外来产品进行分析，马庞古布韦居住点的存续时间应是在中世纪，最有可能是在中世纪末期。①

而按照专门对马庞古布韦的动物遗存进行研究的学者伊丽莎白·

① C. Van Riet Lowe, Mapungubwe: First Report on Excavations in the Northern Transvaal, *Antiquity*, Volume 10, Issue 39, September 1936, pp. 282 - 291.

沃伊格特(Elizabeth A. Voigt)的说法,马庞古布韦经济社会生活的一个特点是其居民有较为充足的家畜资源并对其有非常广泛的利用。在将家畜饲养和利用情况的证据与居住点的规模数据结合起来进行分析后,沃伊格特认为马庞古布韦在10世纪末11世纪初就已经是一个由有着高声望社会地位的人掌握的实体,而这种高声望社会地位除了以一定数量的家畜为基础外,还有对外贸易的支撑。沃伊格特还认为,马庞古布韦可以被看做是德兰士瓦北部地区的一个"文化首都",它在铁器时代早期的末段发展至繁盛,并成为大津巴布韦文化体系的先驱。①

奇里库雷特别探讨了与马庞古布韦相关的金属冶炼、制造和使用的问题。在马庞古布韦发现的与金属相关的遗物主要包括冶炼坩埚、矿渣、矿石以及金属制成品,涉及铁、铜、青铜和金四类,其中金制品尤为突出,除了最为引人注目的金犀牛外,还有金珠、金丝、金叶以及含金件装饰品等。奇里库雷认为,马庞古布韦居民已自主掌握金属冶炼和制造的技术,金属制品的生产和使用均掌握在少数人手中,这意味着马庞古布韦所代表的实体是一个存在等级区分的复杂实体。②

对于马庞古布韦,胡夫曼也有较多关注,并为其演绎了一套颇为整齐的框架。按照胡夫曼的说法,从年代上来说,舒罗巴、K2、马庞古布韦前后相继;从规模上来说,舒罗巴最小,K2次之,马庞古布韦最大;从性质上来说,舒罗巴、K2和马庞古布韦都属于首府型驻地。胡夫曼认为,马庞古布韦文化是大津巴布韦文化的先驱,没有沙舍—林波波盆地的早期发展,就没有大津巴布韦。③

舒罗巴的年代为公元900—1000年。约公元900年时,一些使用"兹佐文化"(Zhizo)陶器的居民从今津巴布韦共和国境内南下,在舒罗巴建立定居点,牛粪和家畜骨骼遗存表明他们饲养牛和小牲畜,而磨

---

① Elizabeth A. Voigt, *Mapungubwe: An Archaeozoological Interpretation of an Iron Age Community*, Transvaal Museum, 1983.

② Shadreck Chirikure, The metalworking industry of Mapungubwe, *Mapungubwe Reconsidered: A Living Legacy-Exploring Beyond the Rise and Decline of the Mapungubwe State*, Mapungubwe Institute for Strategic Reflection, 2013.

③ Thomas N. Huffman, *Mapungubwe: Ancient African Civilisation on the Limpopo*, Wits University Press, 2001, p. 7.

石、有烧灼痕迹的谷物储存遗存、陶器等表明他们也从事种植农业。同时，他们也从事狩猎，特别是猎象取牙，然后与东非海岸的某些地方发生贸易关系，在胡夫曼看来，最初这些人之所以从津巴布韦南下，可能就是为了象牙资源。在舒罗巴还发现了多件表现野兽、家畜和人的俑，胡夫曼认为它们有的可能是用于成年仪式。根据发掘发现的居住点规模，舒罗巴应该是一个中心，它可以容纳 300—500 人。①

K2 和马庞古布韦是同一文化人群在不同时期的中心。对这两个点进行的调查、发掘和研究关注其早期矿业遗迹、金属制品遗存、珠子、陶器、人体遗骸以及相关的地层、编年等，后来研究者还将遗址周边的地区纳入进行整体调查和研究，由此又发现了一些较小的居住点，其中一些居住点被认为是隶属于居住在马庞古布韦中心的权势者的牧牛区(cattle post)。在马庞古布韦遗址的发现物中，比较引人注目的是黄金制品，主要包括金珠、金镯金碗、金圆盘以及金箔制品，其中尤其引起研究者注意的是若干件用金箔制成的犀牛形件；此外，还有陶制的牛形俑和羊形俑以及少量的矿石和矿渣遗存。研究者认为，马庞古布韦遗址代表的可能是一个在林波波河流域的重要且一度较为强大的文明实体，其起止年代应为公元 1000 年至公元 1600 年，但其发展较为突出的年代应是在公元 1000 年至公元 1300 年之间，这里的居民从事农业种植和牲畜养殖活动，但更为突出的是从事金矿开采和冶炼，并以此为基础发展与东南非印度洋海岸的贸易。②

K2 的存续年代为公元 1000—1220 年。约公元 1000 年时，豹山文化的居民迁移至此，这里很快就发展为豹山文化群体的中心，到 13 世纪初时，这里的居民可能有 1500 人。为了优化配置或者适应人员较多、生产生活交互较为复杂的形势，K2 可能有所划分，其中最为突出的是酋长住地和墓地。20 世纪 30 年代时，考古人员在 K2 进行了初步的发掘，发现了一处集中数量较多的房屋遗存以及与房屋临近的谷仓和

---

① Thomas N. Huffman, *Mapungubwe: Ancient African Civilisation on the Limpopo*, pp. 10 - 15.

② Andrie Meyer, K2 and Mapungubwe, *Goodwin Series*, Vol. 8, African Naissance: The Limpopo Valley 1000 Years Ago, Dec. 2000, pp. 4 - 13.

废弃物堆积遗存，根据当时的发现，基本可确定这是一处“牛圈在中、人房围住”的牛栏型的酋长住地。此外，在离酋长住地不远的周边地带还发现了分散居住活动的遗存，这应属于普通民众的住区，他们除了养牛外，也从事农业。在 K2 发现了铜制环镯、铁矛残片、象牙制品残片和大量的玻璃珠，表明了这里有与东海岸外部世界的贸易。其中玻璃珠在更往西南方向的内陆地区也有发现，可能表明 K2 还是一个东非海岸和东南非更往西往南内陆之间的转运地。①

胡夫曼认为，K2 作为首府存在了约 200 年，其所维系的社会也从较为简单的以社会等级为基础发展为以社会阶级为基础。这样一来，早期的以社会等级划分所作的空间安排就不再适宜，于是，K2 的居民开始向马庞古布韦迁移。②

马庞古布韦存续的年代为公元 1220—1300 年。在马庞古布韦遗址发现的遗物中比较突出的包括黄金制品、陶纺锭盘和进口瓷器。黄金制品包括金珠、金箔、金杖头、金犀牛等，胡夫曼认为马庞古布韦的居民不但从事黄金开采，还会冶炼黄金和用黄金制作物品。陶纺锭盘表明马庞古布韦居民会自己纺纱织布，他们使用的棉花应是本地产出，但织布的工艺可能是学自东非沿海。进口瓷器中比较突出的是中国青瓷，由于发现的数量不多，胡夫曼认为它们应属于奢侈品，可能是来自与外部世界的贸易，也可能是外部世界的商人带来的给统治者或高层人士的礼物。

胡夫曼认为，马庞古布韦遗址呈现的是一个相对规模较大的城镇的格局，它有明确的区域划分，包括统治者住地、统治者与官员办公的场所、统治者妻妾住地、统治者随侍住地、统治者家族墓地、高级官员住地、较大规模的普通民众住区等，部分区域有石建围墙，区域与区域之间有连接通道，而一片山顶部分还被认为是专门的祈雨场所。到公元 1250 年时，马庞古布韦发展至高峰，其所容纳的人口可能达到 5000

① Thomas N. Huffman, *Mapungubwe: Ancient African Civilisation on the Limpopo*, pp. 16 - 31.

② Thomas N. Huffman, *Mapungubwe: Ancient African Civilisation on the Limpopo*, p. 30.

人——因此可以说马庞古布韦是当时南部非洲最大的城镇,或者说是一个非常重要的王国,甚至有可能是南部非洲的第一个王国。①

胡夫曼等研究者认为,导致马庞古布韦衰落或者被弃的原因可能是气候变化或者贸易路线变更。13世纪末时,马庞古布韦所在地区已变得较为寒冷,导致部分作物种植活动无法继续;而贸易路线的变更则表现为其向北转移,北方的居民开始在与东海岸的贸易中占据更为有利的地位。②

胡夫曼认为,继马庞古布韦兴起的是大津巴布韦。马庞古布韦的部分精英人士可能参与了大津巴布韦的发展过程,但两者的主体人群并不一致。因此,说大津巴布韦是马庞古布韦的继承者主要是从两个层面来说,一是文化层面,大津巴布韦文化在较早时期可能见证了马庞古布韦的发展,它在居住模式、阶级区分、领导神化等方面与马庞古布韦文化有比较多的一致;二是地缘地位层面,津巴布韦国家是继马庞古布韦之后东南非内陆的第二个区域性权力中心。③

还有一处被认为与马庞古布韦相关联的遗址位于博茨瓦纳东北部的博苏茨韦(Bosutswe),它既靠近南非,也靠近津巴布韦共和国,特别是与卡哈米较为接近,被认为也与大津巴布韦和卡哈米有联系。在博苏茨韦遗址,有位于山上的连续长度较长的半圆形石墙遗存和位于关联山脚处的有石建痕迹的粮仓地基等遗存,此外还有进口瓷器、金制品、青铜制品、铜制品、铁制品、玻璃制品、炭化的高粱籽、小米、豆类以及鸡、牛、野生动物的遗存。通过对遗物进行测量分析和对环境、植被演变等进行考察,研究者认为博苏茨韦遗址建立的年代应在公元1200

① Thomas N. Huffman, *Mapungubwe: Ancient African Civilisation on the Limpopo*, pp. 32 – 55.

② E. A. Voigt, *Mapungubwe: An Archaeozoological Interpretation of an Iron Age Community*, Transvaal Museum, 1983; Thomas N. Huffman, Archaeological Evidence for Climatic Change during the Last 2000 Years in Southern Africa, *Quaternary International*, 33, pp. 55 – 60; J. M. Smith, *Climatic Change and Agropastoral Sustainability in the Shashe/Limpopo River Basin from AD 900*, PhD, Thesis, University of Witwatersrand, 2005.

③ Thomas N. Huffman, *Mapungubwe: Ancient African Civilisation on the Limpopo*, p. 55.

年左右，而建立者则是与马庞古布韦统治者有亲缘关系的人群，他们通过往西运动，与卡拉哈里东部和北部地区的人群发生联系，可以说是马庞古布韦向西部延伸的前沿；同时，博苏茨韦也与在其东北方向的大津巴布韦和卡哈米保持贸易联系，从后者处获取陶器、瓷器和珠子等。[①]

四、关于相关石建遗址间关系的研究

津巴布韦共和国境内石建遗址众多，光被官方认定属于国家历史文物的石建遗址就有 28 处。[②] 除了大津巴布韦、卡哈米和尼扬加的石建遗址外，其他比较知名的还有豹山（Leopard's Kopje）、马滕德雷、达朗翁比（Danan'ombe，即德罗德罗）、纳勒塔勒（Naletale）、布姆布斯（Bumbusi）等石建遗址。而在津巴布韦共和国之外的南非、博茨瓦纳、莱索托和莫桑比克，也还有其他一些石建遗址，比较典型的就是南非的马庞古布韦和博茨瓦纳的博苏茨韦（Bosutswe）。

显然，众多的石建遗址之间应该是存在某些关系，这些关系可能涉及时间上的先后、空间上的点线面、政治经济地位意义上的中心—外围或者源起传承等。一方面，如果不把相关石建之间的关系搞清楚，就难以回答与特定石建相关的具体问题，反之亦然；另一方面，弄清楚相关石建之间的关系却绝非易事，这既有研究不足、资料数据缺乏的原因，也是因为一些关系的厘定往往会涉及非学术研究的因素。

兰道尔—麦基弗从一开始就意识到必须从更广大的视野去看大津巴布韦，尽管他是第一个从专业考古研究层面否定“含米特论”者，但他却是循着“含米特论”所称的外来影响路线来展开研究：从东非海岸到津巴布韦共和国东部高原，在那里调查尼扬加地区和穆塔雷的石建遗址，然后再关注大津巴布韦以及大津巴布韦外围的达朗翁比、纳勒塔勒

① James Denbow，Jeannette Smith，Nonofho Mathididi Ndobochani，Kirsten Atwood and Duncan Miller，Archaeological excavations at Bosutswe，Botswana：cultural chronology，paleo-ecology and economy，*Journal of Archaeological Science*，Vol. 35，Issue 2，2008，pp. 459 – 480.

② 见津巴布韦国家博物馆与历史文物委员会（The National Museums and Monuments of Zimbabwe）网站：http://www.nmmz.co.zw/。

和卡哈米等。在对这些遗址进行调查研究的基础上，麦基弗也给出了一个推论：穆塔雷的石建遗址应是尼扬加石建遗址和大津巴布韦遗址之间的一个联系点。[①]

卡顿—汤普森在接受任务时，罗得西亚当局并没有指定对哪一座石建废墟遗址进行调查研究，但卡顿—汤普森首选对象是大津巴布韦，然后是分布在东部地区的奇沃纳(Chiwona)、马索索(Mashosho)、马滕德雷、胡布乌米(Hubvumi)和位于西南部的达朗翁比诸石建遗址。在卡顿—汤普森看来，对这些遗址展开整体的调查和研究，有利于在研究上进行比较，也有利于在厘清关系的基础上进行判断。总的来说，西南的达朗翁比、中南的大津巴布韦和东面的诸石建遗址可以构成一条线，其中有奇沃纳、马索索和马滕德雷位于萨比河畔，而萨比河被认为是大津巴布韦与莫桑比克海岸之间的交通和贸易通道。[②]

萨默斯把南部非洲多国的石建遗址按照空间分布划分成两个区："罗得西亚区"和"德兰士瓦—自由邦区"。罗得西亚区的石建遗址不只局限于罗得西亚，还延伸进莫桑比克、德兰士瓦北部和博茨瓦纳东北部；德兰士瓦—自由邦区的石建遗址也不只局限于德兰士瓦和奥兰治自由邦所在的地区，还延伸进纳塔尔北部、博茨瓦纳东北部和莱索托。萨默斯在其1971年出版的书中推测认为，德兰士瓦高原及周边地区应有很多的石建遗址和遗存，而进一步放大，则从赞比西河到奥兰治河之间的广大地区应是石建分布的主体区域。[③]

如果从萨默斯这个两区划分来说，重合的部分有两个，一是南非北部的德兰士瓦，二是博茨瓦纳东北部，而在这个重合部分，马庞古布韦是一个重要的点。

到了胡夫曼和皮吉拉伊的时期，尽管在编年和具体细节上有比较多的分歧，但相关主要石建遗址间关系的基本轮廓逐渐变得清晰：豹山文化和马庞古布韦年代最早，它是津巴布韦文化的源头；在马庞古布韦之后是大津巴布韦，在大津巴布韦之后是分别以卡哈米石建遗址和

① David Randall-MacIver, *Mediaeval Rhodesia*, p. 86.

② Gertrude Caton-Thompson, *The Zimbabwe Culture*, pp. 6–7.

③ Roger Summers, *Zimbabwe: A Rhodesian Mystery*, pp. 62–63.

达朗翁比石建遗址为主要遗留的托尔瓦和罗兹韦—昌加米尔以及与大津巴布韦有部分传承关系的莫诺莫塔帕。

在此轮廓下，胡夫曼认为可以将南部非洲石建文明的发展分成三个阶段：第一个阶段以马庞古布韦为中心，年代为公元 1220—1290 年；第二个阶段以大津巴布韦为中心，年代为公元 1290—1450 年；第三个阶段以卡哈米为中心，年代为 1450—1820 年。[①] 胡夫曼的阶段划分实际上是把马庞古布韦、大津巴布韦和卡哈米串连起来。这种串连看起来很规整，但实际上很值得怀疑。

胡夫曼的年代和关系框架提出后，一度被众多学者接受，但一些学者仍然会有一些自己的看法，从而会对胡夫曼的框架作出一些调整。

在皮吉拉伊的框架中，共涉及六个实体：豹山文化、以马庞古布韦和马佩拉(Mapela)为主要呈现的沙舍—林波波盆地政治实体、大津巴布韦所代表的津巴布韦国家、莫诺莫塔帕、托尔瓦、罗兹韦—昌加米尔。皮吉拉伊认为，津巴布韦国家脱胎于豹山文化，也与马庞古布韦和马佩拉有关系。在强大时，津巴布韦国家能对周边地区实施控制性的影响，一些地方甚至由大津巴布韦统治者派出的总督治理，还有一些地方则是津巴布韦国家的附庸或者进贡者。到 15 世纪中叶时，津巴布韦国家不再能有效控制高原地区和海岸之间的贸易，北方的莫诺莫塔帕和西南方以卡哈米为主要呈现的托尔瓦国家和罗兹韦—昌加米尔兴起，接过了与海岸之间贸易的控制权，津巴布韦国家由此衰落。关于莫诺莫塔帕、托尔瓦、罗兹韦—昌加米尔和与津巴布韦国家的关系，皮吉拉伊认为，前三者至少是津巴布韦国家文化的继承者，也是津巴布韦国家商业网络的继承者，但实际的政治关系却很难明确。[②]

不过，随着更多的石建遗址被“发现”并得到研究以及更多的新方法和新手段被引入，新的成果开始带来新的证据和论证方向。

---

① Thomas N. Huffman, Mapungubwe and the Origins of the Zimbabwe Culture, *Goodwin Series*, Vol. 8, African Naissance: The Limpopo Valley 1000 Years Ago, Dec. 2000, pp. 14–29.

② Innocent Pikirayi, *The Zimbabwe Culture: Origins of Southern Zambezian States*, AltaMira Press, 2001.

在2013年发表的《认识南部非洲社会政治复杂性的新路径》一文中，奇里库雷和皮吉拉伊等人利用对当地陶器、进口物品以及石建本身进行研究的成果，并运用所谓的贝叶斯推理方法，对马庞古布韦、大津巴布韦、卡哈米之间的关系进行了重新解读。奇里库雷和皮吉拉伊等人提出四点：首先，在马庞古布韦之前就已有数量较多的兹佐文化(Zhizo)和豹山文化类型的遗址，这些遗址包含显示尊贵地位的遗物和石建遗存，其中部分的年代可能早至公元第一个千年的末期；其次，对相关遗物进行的研究以及放射性碳测年所获得的数据表明大津巴布韦源出古马尼耶文化，而卡哈米则可能是源出豹山文化。实际上，在马庞古布韦衰落时，大津巴布韦的发展已经是比较突出了；再次，大津巴布韦存续的时间和卡哈米存续的时间有逾100年的重合，也就是说在大津巴布韦文明最后的百年间，卡哈米文明已经出现了。总的来说，南部非洲的石建文明是一个很复杂的体系，从时间上来说不能简单地在一条线上进行分割，从空间上来说则不能简单地选定某一个点来展开辐射。①

在2014年发表的《马庞古布韦之前的津巴布韦文化：来自津巴布韦西南部马佩拉山的新证据》一文中，奇里库雷等人对位于津巴布韦共和国西南部靠近博茨瓦纳的马佩拉遗址进行了论述。马佩拉从空间上来看在马庞古布韦和卡哈米之间，那里的石建遗址早已为人所知，但早期在加雷克做过一些初步的调查研究后，后来很长一段时间内都没有人对它作过多的关注。2013年，一批考古和历史研究工作者对马佩拉石建遗址进行踏勘和制图，然后又展开了发掘。调查研究的发现和成果主要如下：首先，马佩拉的石建遗存中有大量的“梯田”形石墙和石围，其中一些的初始建造时间可能要追溯到11世纪，这比马庞古布韦要早约200年；其次，在马佩拉发掘获得的一些茅屋硬结地面遗存、陶器和玻璃珠与K2遗址有联系；第三，马佩拉自11世纪被占用起就已出现阶级分化和神圣化统治体制，要早于K2和马庞古布韦；第四，马

① Shadreck Chirikure, Munyaradzi Manyanga, Innocent Pikirayi and Mark Pollard, New Pathways of Sociopolitical Complexity in Southern Africa, *African Archaeological Review*, Vol. 30, Issue 4, December 2013, pp. 339 - 366.

庞古布韦的一些物质文化形式与马佩拉文化序列的较晚时期对应。以往论者把马庞古布韦当作津巴布韦文化的一个源点，认为其催生了大津巴布韦，之后又出现了卡哈米。研究者认为，马佩拉的发现可能表明，马庞古布韦应并非津巴布韦文化的唯一源点。①

在 2017 年发表的《这里没有老大：异质性、绍纳人政治继承与大津巴布韦—卡哈米关系》一文中，奇里库雷等人从陶器、建筑特点两个方面对大津巴布韦和卡哈米进行了比较，并对从两个遗址获得的部分绝对年代数据和相对年代数据进行了对照分析。文章认为，大津巴布韦和卡哈米之间并不是明确的前后相继关系，因为卡哈米在大津巴布韦衰落之前就已经存在，并且在 14 世纪末 15 世纪初就已经是一个重要而繁荣的中心，而大津巴布韦则在卡哈米衰落之后继续被占用，一直持续到 17 世纪乃至 18 世纪；此外，所谓卡哈米是大津巴布韦的继承者的说法也值得质疑，因为大津巴布韦和卡哈米之间在建筑特点等方面存在异质性，其中一个比较明显的差异是，前者多有立墙，后者则多平台。总的来说，大津巴布韦和卡哈米代表的是两个不同的政治体，二者之间并不存在明确的传承关系，也没有证据表明他们之间存在中心—外围的关系。而这就表明，赞比西河以南的石建文明在发生动力和发展路径方面是非常多样而丰富的。②

进入 21 世纪后，以奇里库雷和皮吉拉伊为代表的新一代学者不但继续关注大津巴布韦石建遗址，还从更广大的视野中去探索南部非洲的石建文明，新的研究成果不断涌现。可以说，从大津巴布韦问题本身到整个的南部非洲石建文明，仍然还有很多的探索工作等待着人们去完成。

---

① Shadreck Chirikure, Munyaradzi Manyanga, A. Mark Pollard, Foreman Bandama, Godfrey Mahachi and Innocent Pikirayi, Zimbabwe Culture before Mapungubwe: New Evidence from Mapela Hill, South-Western Zimbabwe, *PLoS ONE* 9(10), 2014, doi: 10.1371/journal.pone.0111224

② Shadreck Chirikure, Tawanda Mukwende, Abigail J. Moffett, Robert T. Nyamushosho, Foreman Bandama & Michelle House, No Big Brother Here: Heterarchy, Shona Political Succession and the Relationship between Great Zimbabwe and Khami, Southern Africa, *Cambridge Archaeological Journal*, Vol. 28, No. 1, 2017, pp. 45 – 66.

第七章

大津巴布韦学术史的启示：非洲史研究的初级阶段

围绕大津巴布韦的研究持续了约 150 年，无论是从考古研究还是从历史研究来说，150 年都不算长，因此，研究有问题、有空白实属正常。

大津巴布韦研究的历程实际上也是非洲史研究历程的一个缩影：都是从一开始就面临客观存在的资料问题、都是未决问题仍很多、都是仍然在探索中。

从进入 21 世纪后的研究情况来看，大津巴布韦研究实际上进入了一个新的阶段，非洲史研究也是进入了一个新的阶段——然而，都还是在一个初级阶段。

一、 大津巴布韦研究的五个阶段

自 19 世纪末叶至 21 世纪初叶，围绕大津巴布韦的研究持续了约 150 年。

这 150 年的研究历程大致可以分成五个阶段：

第一阶段为 1871 年至 1905 年。具体为从毛赫的“发现”至兰道尔—麦基弗的研究发布之前。在这一阶段，以本特和霍尔为代表的人士开拓出了“含米特论”的基本路径，尽管后来被证明错误较多，但影响力却从未消失，无论是反对还是承认，都无法绕开这二人，因为毕竟是他们开启了对大津巴布韦进行学术研究的大门，并且他们的观点一直有市场。

第二阶段为1905年至1961年。具体为兰道尔—麦基弗的研究发布至萨默斯、罗宾逊和维提关于1958年发掘和调查研究的成果发布，中间还有卡顿—汤普森的决定性工作。这一阶段的工作主要是三次专业性的考古，从科学的层面对基本问题进行了厘清和论述，尽管在细节上仍有很多不足和一些问题悬而未决且不断面临“含米特论”者的攻击，但关于建造者为黑人（Bantu origin）和建造时间为中世纪（Medieval date）的基本论断已立住阵脚。

第三阶段为20世纪60年代初至70年代末80年代初。在这一阶段，以萨默斯和加雷克为代表的学者，在立足既有考古研究成果的基础上，再结合部分文献、口述资料和人类学资料等，对围绕大津巴布韦的探索历程进行了梳理，对大津巴布韦本身及相关石建遗址遗存进行了全面的描述，并对围绕大津巴布韦的历史进行了谨慎的构建。总体而言，萨默斯和加雷克仍是注意凸显自己作为考古研究者而非历史学者的身份，未进行过多的演绎。

第四阶段为20世纪70年代末80年代初至20世纪末21世纪初。20世纪70年代末80年代初见证了白人统治的罗得西亚向黑人多数统治的津巴布韦共和国的转变，在这种转变之下，白人方面已无法集中精力进一步深入对大津巴布韦展开研究，黑人方面则立意要构建自己的有利于加强认同和自尊的“官方史学”。同时，由于津巴布韦共和国经济和政治发展本身的原因以及考古能力方面的限制，对大津巴布韦进行发掘和考古研究也未能开拓新的局面。在这一阶段，逐渐出现了一系列强调黑人主体性的成果，比奇从绍纳人传统入手，穆登奇选择莫诺莫塔帕国家为切入点，霍夫曼则注重从非洲传统文化发微，部分研究虽然是演绎但仍可称谨慎，但也有部分研究开始超出当时的证据基础，出现了编造过度的倾向。

第五阶段为进入21世纪以来。进入21世纪后，新的一代学者崛起，新的技术和设备也使新的研究成为可能，尽管津巴布韦共和国的发展形势不佳乃至恶化，但对以往的发现进行再分析和对遗址进行再发掘仍被提上日程并慢慢展开。在这一阶段，以皮吉拉伊和奇里库雷为代表的学者利用多种新手段进行研究，为大津巴布韦研究开辟了更广阔的新空间。而值得一提的是，皮吉拉伊是一个承上启下者，他曾在胡夫曼的框架下建构他的"南赞比西国家体系"，然后又与奇里库雷等人一道投入新的研究。

回顾这150年来的研究，我们发现，一些很重要的问题仍然没有真正地得到解决。如按照萨默斯所提的问题体系，"什么时候建的"这个问题基本解决了，"谁建的"这个问题从轮廓上解决了——是黑人，但是具体是哪一群黑人却无法毫无疑义地确定。而"怎么建的""建来作何用""为什么后来不建了"等仍是定论少，猜测多，争议难断。特别是"怎么建的"这个具体问题，它涉及的主要是物质的技术，只要在技术上说不通或者无法证明，就都只能存疑。

之所以有如此多的问题，一方面，是因为资料缺乏特别是文字记录缺失导致的难以克服的研究困难；另一方面，是因为研究中交织了难以割裂的种族主义和民族主义的因素，这些复杂的因素有时会给相关研究造成障碍，有时则会把相关研究引上歧途。

应该承认的是，从学术层面来说，资料缺乏特别是文字记录的缺失是一个客观存在的问题。但是，基于这个客观存在的问题而招致的质疑常常被一些人认为是对黑人能力的歧视和对黑人历史的不尊重而被一概拒绝，如教科文组织所谓的"不容质疑"即属此类。冷静思考，恐怕还是不能说一些质疑完全没有道理。固然有些质疑是真的夹杂了种族主义，但有些质疑却单纯地是从"问题还没有说清楚"这个层面出发，只是希望把问题说清楚。

然而，不管是哪一种情况，关于大津巴布韦的研究实际上在某种程度上成了一个禁区。

因为，一个不可逾越的界限在于，大津巴布韦是津巴布韦共和国国家认同和历史自尊的基础，对大津巴布韦的质疑很容易被等同于对黑人多数统治的津巴布韦共和国的国家认同和历史自尊的质疑，这当然是不可能被接受的。

大津巴布韦问题本应是一个学术问题，但它从来就不只是一个学术问题。

于是，一些研究者不得不"另辟蹊径"，寻找其他可切入的点和其他可落脚的层次。这些另辟蹊径的研究主要表现为两个方面：一是对与大津巴布韦相关的问题进行具体的研究，比如石建本身、与石建相关的族群或文化传统、与石建相关的具体器物、与石建文明相关的经济与政治问题、与石建文明变迁相关的环境与气候问题等等。二是对大津巴布韦之外的其他石建遗址展开研究，除了卡哈米、尼扬加、马庞古布韦等外，一些规模和影响都要小得多的石建遗址也在陆续地得到关注。

大津巴布韦研究在这两个方面的扩展实际上代表了同一个方向，即希望通过在量上积累数据和样本，以期能在量达到一定程度时得出质的结论。当科学研究得到的数据和样本达到一定的量时，不管质的结论是对既有成果的否定还是支持，那么人们都必须接受或者至少是承认它们的存在。

二、 非洲史研究的初级阶段

其实，如果我们把目光从大津巴布韦上移开，把视野扩展到更广泛的全非洲，则会发现，在非洲史研究的范畴内，如大津巴布韦这样包含很多未决问题的例子还有很多：对于非洲史前文明的情况，我们仍只能给出一些参考性的框架和少数几个点的具体研究；对于非洲古代史的研究，一些重大问题如铁器文明的产生与发展、班图语人群的扩散、中南部非洲广大内陆早期主要政治经济实体的产生发展等或仍有争议，或仍需要填充空白或者空隙；即便是到了近代，一些地区性或国家性的重大历史进程或重大历史事件的部分细节仍付诸阙如。[①]

非洲史研究有一些重大或者重要的问题，不把这些问题搞清楚，就无法对非洲史有真正确切的认识。这些问题中，有一些从 19 世纪后半叶开始得到殖民者的关注研究，但这一时期开始的很多研究并不正式，有的还呈现出明显的不科学性，如各种传教士、探险家、商人的观察和

① 本部分"非洲历史研究"所说的"非洲"仅指撒哈拉以南非洲。

思考、如与大津巴布韦有关的毛赫、本特和霍尔登之类的研究，可以说都属此类。还有一些问题则等到殖民统治确立后才得到真正严肃的重视，比如东北非内陆的麦罗埃铁器文明，比如西非的诺克文化，比如中南部非洲内陆的古国等等，相关研究虽然有科学的出发点，但受限于物质条件和技术，一些问题并不能得到很好的回答。

至于学术界一般承认的所谓"现代"的非洲史研究的开始，更是要等到"二战"结束之后。也就是从"二战"后开始，研究者才真正地意识到非洲史研究的困难之处或者说特殊性，然后开始尝试用多学科的方法来对非洲史展开探索——即便是这一"现代"的"多学科"的探索过程，也经历了不断的证实和证伪，直到进入 21 世纪才进入新的更具可期性的时代。

进入 21 世纪后，多个非洲史的重大问题或重新得到关注，或在新物质条件支撑下开展了更加有力的继续研究和再研究。

如麦罗埃(Meroe)，这个因在上世纪初被发现存在铁矿渣堆而被某些人称作"古代非洲的伯明翰"的地方、这个被非洲民族主义史家认为是非洲本土冶铁和铁器制造发源地或者传播起始点的地方，其实一直留给人们一个疑问：有较丰富的铁矿，有规模较大的矿渣堆，为什么铁制品却很少。在麦罗埃，新一轮的探索工作从 2012 年开始，到 2018 年底时，研究者也只是确定了铁矿分布和铁矿开采的可能情况，矿渣堆发掘和遗物实验室测试仍在进行中。①

如诺克文化(Nok Culture)，自 20 世纪 20 年代末被发现后持续有人关注，从立足于对引人注目的陶像进行艺术的研究逐步发展到对陶

① Jane Humphris, Robert Bussert, Fareed Alshishani & Thomas Scheibner, The Ancient iron mines of Meroe, *Azania: Archaeological Research in Africa*, Vol. 53, No. 3, 2018, pp. 292 – 311; Jane Humphris & Barbara Eichhorn, Fuel selection during long-term ancient iron production in Sudan, *Azania: Archaeological Research in Africa*, Vol. 54, No. 1, 2019, pp. 33 – 54; Jane Humphris, Michael F. Charlton, Jake Keen, Lee Sauder and Fareed Alshishani, Iron Smelting in Sudan: Experimental Archaeology at the Royal City of Meroe, *Journal of Field Archaeology*, Vol. 43, No. 5, 2018, pp. 399 – 416; Charlton Michael and Jane Humphris, Exploring ironmaking practices at Meroe, Sudan: a comparative analysis of archaeological and experimental data, *Archaeological and Anthropological Sciences*, Vol. 11, Issue 3, 2019, pp. 895 – 912.

器、铁器、石制品等进行考古、历史和人类学的研究。2005年,新一轮的研究得到启动,研究者力求全面地认识诺克文化,在继续对陶像和金属制品进行研究的基础上,对诺克文化的编年、诺克文化所涉及实体的居住模式、经济以及环境等问题展开研究。以往围绕诺克文化进行了多种演绎,认为其所代表的实体在各个方面都呈现出复杂性,而新一轮研究的一个推论是:诺克文化的复杂可能仅仅只是表现在仪式方面。①

如阿克苏姆(Aksum),这个问题的核心内容倒是没有多少争议,但细节却仍有未尽之处。从2005年开始,有国际团队在阿克苏姆故城进行文化遗产调查,发现了一些古代道路的遗存。于是,相关学者通过实地勘测、选点发掘、遥感测绘和地理信息系统分析,最终勾画出了一张围绕阿克苏姆的交通贸易道路网络。这些道路往往沿河而设,最开始主要用于运输经过初加工的燧石石材(chert pre-cores)。而后,道路网进一步延伸、扩展,道路网上流通的商品也进一步增加,不断推动阿克苏姆发展。这一研究很好地丰富了作为区域贸易中心的阿克苏姆的早期发展的画面。②

亦如大津巴布韦,进入21世纪后,开始有奇里库雷这样的专业的、掌握先进的考古分析手段的学者的研究;如尼扬加石建遗址,进入21世纪后,开始有克利津格这样的具有地质学专业背景的研究者的介入。

实际上,无论是从19世纪后半叶开始算还是从"二战"结束后开始算,非洲史研究走过的岁月都还称不上长,或者可以说极短。

对于非洲如此大的一片地域来说,一两百年的研究能给出的成果,又能有多少呢?又能有多少是不容质疑不可推翻的呢?

于是,我们也许可以说,非洲史研究实际上仍处在一个初级阶段,并且将长期处在一个初级阶段。

在非洲史研究的初级阶段,首先要拒绝接受任何权威的所谓不容

① Peter Breunig & Nicole Rupp, An outline of recent studies on the Nigerian Nok Culture, *Journal of African Archaeology*, Vol. 14, No. 3, 2016, pp. 237 - 255.

② Luisa Sernicola & Laurel Phillipson, Aksum's regional trade: new evidence from archaeological survey, *Azania: Archaeological Research in Africa*, Vol. 46, No. 2, 2011, pp. 190 - 204.

质疑，不管这种权威是来自欧美还是来自非洲抑或来自中国。这种不接受不是基于哪一种主义，而是基于研究仍在进行中或者仍应该继续进行，基于证据的不足或者仍应该继续寻找证据，基于新技术可能解决老问题或者新数据可能推翻旧理论。

在非洲史研究的初级阶段，要以批判的眼光看待既有的一切成果，不管这种成果是来自欧美还是来自非洲抑或来自中国。这种批判可以指向欧美学者，但不是为了“反西方”，正如认可欧美学者不应该被看作是崇拜西方一样；这种批判可以指向非洲学者，但不应夹杂任何种族主义，只是要明确非洲学者现在所具备的研究能力和所能掌握的研究资源确实有诸多的不足，而这是由非洲国家客观的发展水平决定的；这种批判同样可以指向中国学者——实际上，即便是到了 21 世纪初，在非洲史研究这个领域，中国学者也仍只是一个初入者。

在非洲史研究的初级阶段，应在把握非洲史研究特殊性的基础上以开放的姿态接纳各种研究者的介入，吸收各种学科和方法的养料。就此而言，非洲史研究所谓的种种困难，恰恰是能够为各种新的研究提供试验场。经历了并正在经历着种种贬低和质疑的非洲史和非洲史研究，也许正好能够为整个的历史研究开辟新的方向和新的空间。

图书在版编目(CIP)数据

大津巴布韦学术史论/刘伟才著. —上海:上海三联书店,2020.5

ISBN 978-7-5426-7022-9

Ⅰ.①大… Ⅱ.①刘… Ⅲ.①古建筑遗址—研究—非洲 Ⅳ.①K884.083

中国版本图书馆 CIP 数据核字(2020)第 065619 号

大津巴布韦学术史论

著　　者 / 刘伟才

责任编辑 / 殷亚平
装帧设计 / 一本好书
监　　制 / 姚　军
责任校对 / 张大伟

出版发行 / 上海三联书店
(200030)中国上海市漕溪北路 331 号 A 座 6 楼
邮购电话 / 021-22895540
印　　刷 / 上海经天纬地印刷科技有限公司

版　　次 / 2020 年 5 月第 1 版
印　　次 / 2020 年 5 月第 1 次印刷
开　　本 / 640×960　1/16
字　　数 / 200 千字
印　　张 / 10.5
书　　号 / ISBN 978-7-5426-7022-9/K·582
定　　价 / 68.00 元